칼과 연못

문학의전당 시인선 44
칼과 연못

초판인쇄 2008년 5월 25일
초판발행 2008년 5월 28일

지 은 이 김세웅
펴 낸 이 김충규
펴 낸 곳 문학의전당
출판등록 제387-2003-00048호(2003년 9월 8일)

주 소 152-841 서울특별시 구로구 구로 6동 97-1 로얄프라자 206호
전화번호 02-852-1977
팩시밀리 02-852-1978
블 로 그 http://blog.naver.com/mhjd2003
전자우편 mhjd2003@naver.com

I S B N 978-89-91006-82-9 03810

칼과 연못

김세웅 시집

문학의전당

自序

세월은 다문 입을 열게 한다
그 완력으로
꽃을 피우고 나무를 쓰러지게 한다
그러나 입을 벌릴 수 있다고 해서
세월이 모든 것을 얻을 수는 없다

묵은 입을 여니, 의외로 쑥스럽지 않다
출발이 새삼스럽지 않으니, 도착할 곳도
낯설지 않으리라

차례

1부

2부

3부

4부

5부

1부

야밤산책

어두움은 훌쩍하니 자라나
불량청소년처럼 길을 막는다
낯빛이 어두운 가로등 사이로 달이 보인다
굽은 허리로 밤하늘을 누비며 꺼진 별에 불 댕기는,
오늘따라 달은 더욱 늙어 보인다
편의점 앞을 지나며, 가슴 한쪽에 병아리만 한 부피가 느껴진다
옷 속으로 손을 넣자, 말캉말캉 만져진다
어린 시절, 가슴에 어두움의 씨앗을 뿌린 적이 있었다
그게 이렇게 자랐구나, 씨앗이 먹고 자란
긴 세월 슬픔의 모이와 자학의 물을 생각는데
이빨까지 자란 놈이 내 손을 깨문다
그래 물어라, 아까 불량청소년 닮은 어두움 역시
나의 가슴에서 자라난 자식이었구나
너도 물어라, 밤 깊을수록 별 장작이 활활 타오르는,
덩달아 茶毘되기에 더 없는 밤이구나

그 사람의 肖像

공중전화부스에서
통화를 마치고 그가 나온다
나와선 담배를 필까 망설이다가
골목길로 들어선다
골목길은 굽어있어, 곧 그의 모습이 보이지 않는다
골목은 양손에 집들을 주렁주렁 달고서
힘겹게 이어진다
지나간 통화를 골똘히 생각느라 그는
함께 가는 골목의 지친 옆모습을 보지 못한다
높은 그리고 파아란 하늘에
그의 골똘한 생각이 비친다
얼굴만 들어 쳐다보면 될 것을,
그는 골똘히 잠기느라
자신의 생각을 보지 못한다
함께 가는 골목이 힘겨운 어깨를
슬며시 그의 어깨에 기대어도
알지 못한다
마침내 그는 담배를 피워 문다
그의 생각 대신 숨통이 터진 담배 연기가
코에서 힘차게 뿜어져 나와

흩어지며 그의 생각을 지운다
조금은 가벼워진 그는
지난 일들을 잠시 잊는다
잠시 잊힐 수 있는 것들은 모두,
영원히 잊혀질 수 있는 것이다

인연

—금호강에서

어린 날 강물에 던진 돌들
지금 어디에도 없으나, 어느 강바닥에
곰곰이 잠겨있을 겁니다
돌들은 느낌표의 비상으로 기억 속에 있습니다
앳된 모습 그대로
돌들은 강바닥 어디선가 허리 구부려
세월 닮은 물살에 목물 계속 하겠지요
내가 허리 굽혀 삶의 뙤약에
등을 태워온 것과 같은 모습으로 말입니다

어른 되고 내가 점점 둥글어지듯
돌들도 어디선가 둥글어지겠지요

누가 알겠습니까, 이렇게 천 년쯤 열심히 살다보면
생을 거듭한 내가 드디어
다시 태어날 수고로움 버리고
돌멩이 닮을 수도 있지 않겠어요
그때쯤이면 아마
목물 마치고 허리 펴게 된 돌과
한 핏줄로 나란히 꿰어질지

누가 알겠습니까

寒食

밤나무 위의 쏙독새, 큰 입 열어 운다

건너편 굴참나무 쏙독새 더 큰 입 운다

그 큰 입에 아버지 무덤 들어갈라,

쏙독새 울음에 내 속이 파인다

붉은 속은 파여 더욱 붉어져

내 속에서 익는 밥, 뜨거운 밥

아버지 생전의 김이 솟던 밥!

새여, 더 크게 울어라, 모질게 울어서 원수지거라

익어도

먹을 수 없는

붉은 밥, 쉰 밥보다 못한 슬픔

감나무와 감

초등학교 때였다 어머니와 어딘가의 외출 후 대문에 들면서, 늙은 감나무의 감이 자기 무게를 주체하지 못하여, 가지를 잡고 있던 손을 놓고 마당으로 철퍼덕 주저앉는 것을 보았다

사십이 넘도록 나는, 남 못지않은 上品이 되기 위하여 가지에 매어달려 집착하였다 그런데 언제부터인지 손을 놓친 듯 아득한 느낌이 들기 시작하였다

처음의 그 낭패감이라니!

그러나 시간이 흐르면서, 나는 원래 上品이 아니었고 앞으로도 될 수 없을 것이라는 자각이 생겼다 나아가서, 上品이 못되어도 그만이라는 생각, 누구 보기 좋으라고 上品 下品이 따로 있을 것인가 하는 데에 생각이 미쳤다

까짓것, 살아보니 별 것 있던가 잡던 손을 놓고 보니, 가지에 매달렸던 시절도 한 세상이요, 땅바닥에 퍼질러진 후에는 또 한 세상 열리던 데,

가지에 달려있는 감도 감이요, 손을 놓친 이후에도 감은 감인 걸

보리의 보리菩提

—先山의 보리밭

보리는 앞만 바라본다
덕촌동의 보리는 허리 구부려지기 전에
만나야 할 누가 있는지
앞만 쳐다본다
어구산 산그늘이 하루에 한 번씩 일어났다
주저앉기를 수십 차례,
눈 먼 보리여, 욕심이 앞서는 보리여
때 되면 허리 굽혀 낱알을 털면 그뿐,
만나야 할 임은 애시당초 없었다
바람만 불어도 기웃 기웃 내다보고
멀리 대원못의 푸른 물에 흰 구름만 비치어도
깜짝 놀라 고개 드는
보리여, 스스로의 하늘을 등에 지고서
더 이상 무얼 기다리는가
기다림에 지쳐 눈 먼 무덤들을 보아라
눈물 줄기가 굵어갈수록 천천히 흐르는
저 개울, 저 강을 바라보아라
보리여, 네 등에 노을이 깊었구나
허리 굽혀
짐을 받아라

그 집 안에, 네 보리菩提가 있다

날개

여름 저녁 집 밖을 소요하다, 머리부터 정통으로 차바퀴에 눌린 비둘기를 보았네 온통 비린내뿐인 살코기에는 파리들의 잔치가 요란하였네 유난히 멀쩡한 두 날개는 몸통에 붙잡혀, 가위눌린 듯 바람결에 흰 솜털을 떨고 있었지 진저리치며 그 모습을 피해 가면서, 피해 가는 내 모습이 낯익은 자화상임을 문득 느꼈네 짓뭉개진 비둘기에 놀라 도망가듯, 날개를 지탱하던 몸통의 비극을 애써 외면하듯, 꿈을 지탱하던 몸통이 다칠 만 하면, 내가 먼저 꿈 버리고 달아난 걸 깨달았다네 지금, 비둘기 몸통엔 파리 꾀이고, 가위눌린 채 사위어갈 저 날개처럼 내가 외면한 곳에서 사위어갔을 꿈이 한꺼번에 기억나고, 잊고 살던 비린내가 왼통 되살아나, 허겁지겁 나는 비둘기의 주검에서 도망가기 바빴네

봄길

일요일 낮의 시골길은
벗고 누운 여인 같다
모로 누운 속살에
햇살의 흰 구렁, 눈이 부시다

봄길 어딘가엔 주막이 있다
단지 안에 독한 술이 저희끼리 술 먹이는
주막은 멀다 번지가 없다
닿기만 하면 공술을 줄 것 같은,
가도 가도 이는 먼지
꿈이 훤하다

동전 한 닢

퇴근하신 아버지의 심부름으로 동네 주점을 들락거리던 어린 시절이었다 해거름한 시각이면 술청에서 날품꾼 차림새의 한 사내를 자주 보았다 내 주전자에 막걸리가 채워지는 동안 그 사내는, 선 채로 맹물 마시듯 사발 막걸리를 들이켰다 입가를 문지른 손으로 김치 조각을 입에 넣고, 그 손으로 주머니 속 동전을 한 닢, 지장 찍듯 똑 소리나게 탁자에 눌러놓고 그는 나갔다 그는 항상 붉은 노을을 등에 받으며 길로 나섰다 그를 보내는 주점은 사내의 등에서 반사되는 황금노을을 받으며 늘상 묵상 속으로 빠져들었다 그러기를 한참 후 주점에 불이 났다 밤중에 불구경 간 나는, 불길 속에서 사내의 동전닢이 하얗게 달아오르는 걸 보았다 분명 백동전이었는데, 어쩌면 묵상하던 주점이 무너지면서 드러낸, 주점의 오랜 고적함이 품어온 흰 사리였을까

못

보문 호수를 따라 샛길 걷는다
계속되는 생각의 되새김질, 역겨워진다
비굴하게 눈치를 보며 쇠비름풀이 눅눅한 몸을 말리고 있다
호수의 완만한 등뼈를 물고 물총새가 날아간다
천안 삼거리도 아닌 버드나무야, 웬 가지를 휘 휘 모질게도 늘여서
호수를 감아가며 흥얼대느냐
발부리에, 구부정한 못이 검붉은 모습으로 지빠져 있다
주정뱅이처럼 불콰한 못은, 호수를 따라 완만하게 휘어있다
한 순간 괜한 용심이 울컥하고 치밀어
나는 못을 뽑는다 단잠 자던 못이 뽑히면서
고삐 풀린 호수가 황망하게 달아난다
못은 호수의 말뚝이거나 닻이었던가
샛길마저 융단처럼 달아나면서, 생각의 되새김질, 내가 나자 빠진다
쇠비름풀과 물총새와 내가 한 덩이로 섞여 굴러가는데
동방삭처럼 열심히 구르다보니
되새김질 없는 저승이 이승보다 낫겠더라

그리움

나이 들면서
눈물은
두 다리 뻗고 흐른 적이 없다
넓어가는,
비어가는 방을 두고

웅크린 눈물
은 등이 시리다

하늘에도 웅크린 눈물
닮은 초승달
굽은 등이 슬프다

엄마 생각난다

2부

장자의 나비

한밤에 자다가 깨니
내가 영 내가 아니다
까맣게 잊고 지내다가
되풀이되는 꿈을 깨면
장자의 나비처럼,
살아가는 내가 영 내가 아닌
되풀이되는 꿈일 수밖에 없다
그럼, 죽음도 두려워할 건 아닌 건가
죽어서야 꿈 아닌 삶을 찾을 수 있다면,
혹은 창문 안에서만 바라보던 바깥풍경을
이젠 바깥풍경 속에 직접 서서
오히려 비좁은 창 안을 들여다본다면
그것이 죽음이라면,
삶은 영 내가 아니구나
가위눌린 꿈을 깬 새벽에
잠 든 마누라를 물끄러미 바라보며
마누라에게 미안하고 미안하나,
살아가는 내가 영 내가 아니다

그곳으로 가고 싶다

나는 돌아가고 싶다
아침마다 시동을 걸고, 가끔 앞지르기도 하면서
올 곳에 오고
저녁이면 다시 시동을 걸어

(왜 종동이 아닐까?)

돌아가면서도 돌아가고 싶다
돌아간다는 말의 허구를 알면서도 더욱 목마르게
돌아가고 싶은 곳
그러나 〈당신〉처럼
없는 그곳

봄이 되면서 지상에는
사춘기의 음모처럼 은밀하게
풀이 돋는다
그 음모 위를 늙은 정충처럼, 그러나 자동차의 힘으로
나는 빠르게 움직인다

……수정될 수 없는 늙은 정충의 꿈

돌아가고 싶다
〈당신〉처럼 없는
그곳으로 가고 싶다

보다 젊은 당신에게

산을 오르며 한 번도 뒤돌아보지 않았던 건
잘못이었습니다
꼭대기에 이르자,
그것으로 끝이었습니다
말라 죽어가면서도 변명하지 않는 나무들과
더 이상 솟을 데 없는
정상의 외로움에 둘러싸여
잡초만 후회처럼 무성하였습니다
돌아보지 않고 자존심을 앞 세워 곧장 내달아온
나의 발걸음은,
가기 싫은 곳에 서둘러 나를 데려온 셈입니다
건너편 산은 나에게서 돌아앉아
푸른 등을 보였습니다
그제야, 아무도 기다려주지 못한 후회에 치가 떨렸습니다
기다리지 않은 만큼, 정상에는
나를 기다리는 아무도 없었습니다
멀어지던 계곡의 물소리마저
내가 멈추었다면, 더 이상 멀어지지 않았겠지요
아, 온갖 소문에 쫓겨
서둘러 올랐는데,

잡초만 후회처럼 무성한
여기는 정상입니다

귀향

해가 지면서 들판에는 노인네처럼 어눌한 어두움이
놀던 아이들을 집으로 쫓아 보낸다 들판을 채우고 채우려는
고요함이 오히려 시끄럽다
다리 위 난간에 엎드려 강물에 얼굴을 비추이던 나도
어두움에 쫓겨 어딘가로 숨어 가야 할 터인데,
가까운 슬레이트지붕 집에선
그들만의 저녁연기가 깃발처럼 어두움 속에 펄럭인다

나를 예까지 데려온 빛은 어디 갔을까? 사방엔
그가 갔음직한 길들 위에 별들이 드문드문 호롱불을 단다
어둠 속에서 문패를 읽듯
집집의 불빛을 새겨 본다
가야 할 방향에선 나뭇가지들이 어지러운 그림자를 엮는다
물렀거라, 불빛 주위에 어슬렁대는
배고픈 어두움이여
곧 불빛은 꺼져 너희들의 양식이 될지니,
어두워지는 하늘에 다리를 놓아
별빛이나 쪼이며 기다리렴

더벅머리처럼 어지러운 어둠 속에서

나를 데려온 빛은 어디 갔을까?
그를 부르는 나의 마음은 높이 메아리져서
별들의 이마만
닦여 더욱 반짝인다

첫 추위를 맞으며

라디오에서 아나운서가 기온이 우두둑 떨어졌다고 말한다
나는 우두둑 떨어진다는 이상한 기온을 생각한다
(그것은 마치 고생대 석탄기에나 있을 법한 기온 같다)
기온이 우두둑 소리 내는 걸 들은 적이 없으나
나는 손마디를 그렇게 꺾을 수는 있다
설악산 대청봉엔 눈이 왔다고 한다
대한민국에서 나서 이 나이가 되도록 나는 대청봉에 오른 적이 없다
그런데도 가을이 끝날 즈음이면 항상
대청봉의 첫 눈을 듣게 된다
한 번도 본 적 없는 대청봉의 눈이, 내가 본 무엇보다
다가오는 겨울을 실감케 한다
그러나 추위는 대청봉 아닌 우리들의 몫이다
산은 겨울이면 얼굴만 세워둔 채, 땅 속 깊이 내려간다
깊은 땅 속에선 마그마가
한여름 밤의 꿈을 연주하고, 눈을 감은 겨울산은
음악에 귀 기울이며 더욱 깊이 내려간다
지상에선 우두둑 소리치는 이상한 기온이
시조새처럼, 추운 하늘을 가로질러간다

별

먼 곳에서 별은
스스로의 무게를 못 이겨
웅 웅 소리 죽여 운다
고압선 전류의 귀 울림 닮은
별이 우는 소리에

별과 마주보며 공전하는 나도
스스로의 무게를 못 이겨 소리 죽여 운다
삶의 더께를 비우지 못하는
별과 나는
서로를 안아주지 못하고,
무게가 가지는 중력으로 어쩔 수 없는 거리를 두고
헛바퀴 돈다

오늘도 먼 곳에서
쇳덩이가 마려운 소리를 내며
별은 울고,
삶의 온갖 이유에 쫓겨 헛바퀴 도는
나도 따라 운다

칼

내 칼은 연못에 빠졌다
겨울이면 두터운 얼음 아래
윙윙 소리내어 울고
봄이면 눈썹처럼 수면 위에 떠올라
고르지 않은 봄바람에
고운 털을 나부낀다

녹슬게 되면
더 이상 칼은 울지 않으리라
수면 위로 떠올라
스스로 어쩌지 못해 고개 숙이는 법도
없으리라

내 칼은 연못에 빠졌다
빠질 땐 객기로,
연못을 두 쪽으로 가르며 빠졌다마는
무엇을 두 쪽으로 가르는 만용은
더 이상 없으리라
드디어 숨쉬지 않을 때까지
가끔 울고,

봄이면 수면 위에 떠올라
어쩔 수 없는 눈썹처럼 나부끼리라

조용한 출혈

한낮의 솔밭 길
산도적놈의 전용도로처럼 시퍼런
그 길을 조심
조심 해가 지난다

산꿩의 피울음,

억울하면 죽어라!

핏자국처럼 길 위에
한 사람
저 멀리
또 한 사람

살려면 입 닫아라
산도적놈의 전용도로,
변명 통하지 않는
세상살이

억울하면

피 쏟아라!

삼천포에서

갈치를 즐기던 어린 나에게
어머니는 늘상 삼천포로 장가보내야겠다고
말씀하셨다
어딘지도 모르는 삼천포는 어린 나에게
항상 은빛 갈치와 어린 색시가 기다리는 먼 포구였다

오늘, 처음 찾아온 삼천포에는 비 내리고
들고 있는 비닐우산이 비바람에 펄럭여
사위가 먹먹하다
갈치를 즐기던 어린 나로부터
지금까지의 거리가 삼천리더냐
장가든지 이십 년, 어머니는 벌써 돌아가셨다

이제 와서 세월이여, 삼천이란 숫자는
네가 꾸민 한바탕 장난이었구나
나를 기다렸을 어린 색시는 간 곳이 없고
죽은 갈치만 좌판에 누워서 나를 기다리는,
삼천포 바다에는 정작
삼천포가 없구나

아다지오

바다가 시퍼런 면도날로 베어낸
제 한쪽 귓바퀴,
반달 되어 떠오른다

피 한 방울 나지 않고
하느님의 몸통이며 머리가 슬쩍 슬쩍 지워지는,

소문이며 소리는
어디에서 무얼 하나

어느 캄캄한 바다 속
젖도 안 나오는 아이의 젖꼭지를 물고
쥐들은 잠이 든다

하느님의 마음까지 슬쩍 슬쩍 지워지는,
달은 반달
남은 귀도 반쪽

저녁 무렵

어두워지고,
교회의 종소리가 울려 퍼졌다

비둘기 소리가
점점이
하늘에 구멍을 뚫고

그 구멍으로
별들이 숨쉬기 시작하였다

바람난 여자들은
종소리 따라 도시를 쏘다니고

내 몸의 온갖 땀구멍으로
나도 모르는 천사들이 들어와
숨을 쉬었다

사랑이여

사랑이여, 아직도
네 겉모습은 그럴싸, 쓸만하구나
김중배의 백금반지에 놀아난
네 몸은 아직도 요염하구나
나이 들자, 이러구러 나에게도
백금반지가 생겼다만
늦었구나, 네 열 손가락에 넘치는 호사여,
내 자리가 없구나
날아오르는 가을 기러기마다
짝이 있구나
풀잎도 서로 안고 늙어가누나

사랑이여, 네가
김중배의 반지에 놀아나던
그래도 그때가 좋았구나
세월 따라 이러구러 내 배가 불러지자,
모든 것이 따라 넘쳐
제 모습을 잃었구나

회신

—나의 밤을 물어온 당신에게

야수와 같은 밤이 왔습니다
누가 부르는 듯 밤의 신천에 나와 섰으나,
야수의 이빨처럼
수은등만 하얗게 타오릅니다
초저녁에 여염집에서 씻다가 흘렸을 쌀알들이
하늘에 제 자리를 찾아서
하나, 둘, 별이 되어 얼굴을 내어 밉니다
별들은 저마다 제 이름을 밝혀 들지만
막상 우리들의 죽음이야
이름도 없이 찾아 들겠지요
지금 온통 어두운 신천의 밤은
야수처럼 도시를 덮으며 지나고 있습니다
밤이 깊어지면서
흐르는 물에 쌀알이 씻겨 흩어지듯
별은 하늘 깊숙이 곤두박질치고,
흰 軍馬처럼 당당한 구름이 떴습니다
어느 몽상가가 밤하늘에서
말을 달리는 것일까요?
수은등 불빛이 허리를 비틀어
야수의 입은 더욱 크고 어두워 보입니다

기다리거나 기대할 무엇도 없이
지금 나는
밤의 신천에 서 있습니다

해 뜬다

새해 첫 날, 일출 보러 뒷동산에 오른다
여기 저기 시절 잊고 피어난 개나리,
누굴 위해 피어난 게 아닌데도 꽃은 예쁘다
무얼 다짐하지 않아도 새해는 희망차다

새해엔, 주어진 길을 따라 오래 오래 걷고 싶다
오래 걸었기에 배고파 무엇이든 맛있는
그런 길을 가고 싶다

가까이 그리고 멀리
지붕들은 하늘 향한 사람들의 변명 같다
새해엔 물에 물 타는 사랑을 하고 싶다
변명하지 않고 그리움에 목마르지 않을
그런 사랑,
그리움은 욕심이다 욕심은 목마르다

머리 위에서 까치가 먼 길 가듯 힘차게 솟구친다
떠나거라, 떠나도 돌아올 목숨인데
가고 싶은 어디라도 가거라,
지치기에 깊이 잠들

그런 길을 가거라

새해는 희망차다
꽃은 예쁘다

3부

풍경

비쩍 마른 시골길에 누렁개가 간다
일 없이 바쁜 걸음에 맞춰
시냇물이 마를 듯 말 듯 나란히 걸어간다
비칠비칠 걷는 냇물은 목이 마른 듯
한 번씩 혀를 빼어 물고 제자리에 멈춰 선다
개도 멈추어 앞발로 땅을 긁는다 코를 킁킁 갖다대며
제자리에 맴돈다 무언가를 뒤적인다
냇물은 작은 웅덩이를 만들어 제자리 돌며, 개를 기다린다
기다리면서 냇물은 한 다리를 들어 냇가 풀섶에 오줌을 눈다
풀섶 아랫도리에 오줌거품이 하얗게 일어난다
뒤적이던 물건에 흥미 잃은 개가 다시 걷는다
고의춤을 올리며 급히 뒤따르던 시냇물은
신발 한 짝을 빠트린다
시냇물 뒤에 외따로 남아있는 운동화 하나,
제자리에 걸려 떠나지 못하는
마음 한 짝

습관은 죽음에 이르는 병이다

나이가 들수록 친구가 줄어든다
그림자가 졸아들어, 환한 낮에도
그림자 없이 홀로 떠다닌다
젊을 땐 말의 무게가 가벼워, 쏘는 말의 상처도
감기처럼 가볍더니
나이 들수록 말의 독이 매섭다 말을 가리고 꺼리면서
이마엔 참호처럼 튼튼한 주름이 생겼다 참호를 파고서
습관은 철수명령에도 복종 않는 특수부대같이
전진배치되어 있다
서로의 습관에 자극을 주면
자동으로 개입하여 상대방을 상처 낸다
일 년 내내 풋고추를 즐긴들,
막상 먹게 될 고추가 얼마나 매울지 확신할 수 있는가?
나이 들면서
일기예보와 풋고추의 불확실한 맛에는 너그러워지는데
습관은 오히려
도로표지판의 화살표마냥 한 곳만 가리킨다

그렇게 개성의 껍질을 쌓고, 습관을 다지고서
마지막에 얻을 것은

평생을 지켜낸 토치카,
토치카 닮은 무덤이다 혹은
불쏘시개로 쓰일
철지난 몸뚱이 한 벌

세상에 나서

늘상 하던 일마저 쓸쓸할 때면
나는 푸른 하늘에 상상으로 짜 맞춘 큰 바퀴를 돌린다
세상에 나서, 태어난 김에
가장 잘 생긴 물푸레나무로 희고 큰 바퀴를 만들어
빈 하늘에 물이 넘치도록 물레바퀴를 돌린다

허공에 헛바퀴를 돌리는 짓이야 부질없지만
보잘것없는 목숨을 굴리는 사람살이보다야 부질없으랴

속가시절의 어느 스님에게, 출가를 권유하던 노스님 말씀,
「세상에 한 번 나지 않은 셈치고 출가 정진함이 어떠하냐」고

나지 않은 목숨이 큰 목숨을 얻기 위해 용맹정진한 셈인데

나는 하던 일이 쓸쓸하면
하늘에 철 철 푸른 물이 넘치도록
헛바퀴나 돌려보자
세상에 나온 김에
세상의 어떤 물레방아보다 크고, 어떤 말씀보다 시원스런 바퀴를

신명나게 돌려보자

부질없는 목숨,
빈 바퀴를 돌려보자

난장판

어제는 내 안에 있는
자꾸만 작아 뵈는 그놈이 유난히 보기 싫어
그놈이 작아지길, 더욱 작아지길 기다렸다가
초장에 낼름 찍어 먹었습니다

막상 그놈이 보이지 않자,
사무치게 그놈이 보고 싶어서
그놈 먹은 이놈을
뒈지도록 실컷 두들겨 팼습니다

봉지 안의 잠

새우깡을 먹다가 잠이 든다
다리와 허리를 구부린, 봉지 안의 잠이다
봉지 안의 은박에 눈이 부신
잠 속에선
옆의 새우깡이 꿈결에 나에게 발을 걸쳐온다
봉지 밖에서 울리는 전화벨 소리에
잠은 더욱 구부려지고
새우깡끼리 발 걸친 채 떠다니는 눈부신 바다,
봉지 안의 세상은 또 하나의 화엄이다
사명과 의리는 부처님 손바닥 위에 맡겨두고,
四海가 잡념 없이 은빛 가득한
봉지 안은 시방 새우깡의 불국토다

여름 散調

바지는 매번
무릎부터 헌다
내가 아끼던 물빛 여름바지도 마침내
무릎이 헐고,
진짜 무릎이 벗어진 옷 사이로 밖을 내다본다
밖에는 원피스의 등이 훤하게 패인 여자가 지나간다
여자의 등은 여자와는 별개의 눈을 뜨고
여자가 보는 반대쪽의 세상을 보고 있다
산다는 건 무릎을 파먹는 일인지,
일하기 위해 무릎을 굽히고 대화하기 위해 무릎을 접고…
무릎은 지쳐서 스스로를 벗는다
벗고는, 떨어진 옷 사이로
멍하니 지나는 여자의 등을 바라본다
마침 여자의 등은 여름을 기다려
여린 눈을 뜨고 세상을 내다본다
나의 무르팍과 여자의 등은
서로 눈길을 마주치지 못한 채
각자의 창으로 세상을 내다본다

詩?

오늘은 비가 내리고,
일 마치고 문을 나서면
비로소 그날의 하늘이 몸을 여는
나에게,
詩란 없는가, 있는 것인가
늦은 저녁 어울린 친구 얼굴에
내 얼굴을 비춰보고
그의 얼굴에 내가 안 보이면
한 잔 한 뒤 다시 비춰보고,
그렇게 애써 얼굴을 비추다가 찾아보다가
술가게를 나서는 나에게
詩란 원래 없었던 건가 잃어버린 건가
술김에 나는 마루에서 잠이 들고
달빛은 촘촘히 내 몸을 가르며 밤을 지난다
그래도 다음날 아침이면 육신이 멀쩡한 나에게
아픔이란 아직 있는가, 어디에 남았는가
그렇게 다시 하루를 시작하는 나에게
詩란 있는가 없는 것인가

다시 벚꽃

마른버짐처럼
벚꽃 번진다
송이 송이,
핏기 없는 소년의 얼굴

짝사랑하는 가시내가 강을 건넌 후
다시 넘어 아니 올 줄
소년이사 몰랐다

나를 위해 피는 게 아니어도
꽃은 아름답듯이
가시내가 몰라줘도
사랑은 영글더라 한정 없이 열리더라
가시내는 멀리서
제 혼자 벙글더라

검은 벚나무 가지에서 피는 연분홍 꽃이
매년 보아도 신기하듯이
가시 찔린 듯
가시내 흰 얼굴의 입술이

소년이사 참말 신기하였다

시절 따라 피는 벚꽃이
숱한 사람들의 되새김질 사연인 걸
그땐 몰랐다
가시내도, 사랑마저도,
야바위꾼 닮은 세월의 손장난인 줄
소년은 몰랐다 그땐
정말 몰랐다

절망

그 여름 따라 유달리,
마을의 글라디올러스는 검은 혀를
저녁연기처럼 뽑어 올렸다
글라디올러스의 치정을 마주 보며
해는 저승꽃인 양 검게 타오르고 있었다
막상 연기 오르는 집은 하나 없는 마을에서
글라디올러스의 피는, 늦은 오후에
수술용 거즈에 묻어나는 피처럼
조용히 외출하였다 동구 밖에는
고양이 발자국만 한 태양의 흑점이
군데군데 눌어 있었다
강물이 바짝 마르며, 글라디올러스의 혀를 한껏 밀어 올렸다
아무도 글라디올러스의 순결을 믿지 않았다
피는 살아서 마을을 나가는데
죽어서라도 여름은 실려 오지 않았다

그런 한때

빗길을 걸으면
무작정 네가 보였다
사랑이 무한정 기다리던
그런 때가 있었다
고이는 빗물 위에 이름을 쓰면
우편배달부처럼
빗물은 어디라도 길을 찾아 떠났다
그 시절엔 빗방울도 방울 방울
그 얼굴이 달랐다
물음표, 느낌표, 사랑이나 슬픔
때로는 솔방울 닮은
사랑은 무한정 그 모습을 바꾸었다
그렇게 전방위로 사랑이 열리던 시절
우리는 날개 없이도 날아 다녔다
낱낱의 방울로 살아 있었다
내려앉을 수밖에 없는 비행인 줄
차마 모른 채

4부

서시

—목숨을 열기 위한, 또는 열린 목숨에 바치는

起

한때는 돌부리에 걸려 넘어져도
당신 탓이라 생각했습니다
가릴 곳 없이 추운 겨울 낮엔
햇빛마저 당신 닮아 야박하다 했습니다
어쩌다 꼼짝할 수 없이 행복할 때도
당신이 옆에 없다고 허전해하고
오직 원망하기 위하여 당신의 이름을 불렀습니나

그러나 허전하고 원망하는 나의 모습은
그대로 되돌아와
나를 덮는 어두움이 되었습니다
어두움 속에서 내가 켜는 촛불은 마냥 꺼지고
더욱 두터워지는 어두움은 송진 덩이처럼
나를 놓지 않는
덫이 되었습니다

承

하루해는 어찌 그리 짧은지

당신을 부르고 찾는 사이 하루가 저뭅니다
미워하며 보내는 해는 더욱 쉬이 지고,
어두워져 나마저 지워지려는 해거름에
스스로를 돌아보려고 나는 섰습니다
내가 지워지는 짧은 시간에
애당초 당신 자신이 보잘것없는 존재라는
깨달음이 왔습니다
하루해가 이렇게도 찰나인데
이런 빛을 타고 노니는 당신인들 어떠하겠습니까

미워하며 보내는 해는 더욱 쉬이 지고,

아, 당신이 안스러이 느껴지자,
당신이 곧 나라는 생각이 들었습니다
이제 당신을 사랑하기로 하였습니다
그러나 사랑은 곧
이별이었습니다
두 개의 당신, 두 개의 나는 쓰일 데가 없기에
사랑하므로
당신을 떠납니다

轉

임에 매여있을 땐 마당이 좁더니
스스로를 풀어주자,
어디로 갈지 막막할 정도로
마당이 넓어진다
하나의 선택에 익숙해 온 나로선
선택을 풀자,
목숨의 마당이 가당찮게 넓어진다
못처럼 나는 주어진 시간에 한 곳에만 박히면서 살아왔는데
쏟아지는 빗물같이,
여러 곳을 동시에 적시는 경우도 있는 것이다

목숨의 마당은 넓어
갈 길이 어지러우나
임을 불러 길을 마련하진 않을 터이다
임은 길로써 나를 묶어
짧은 하루해 속으로 되던져 넣을 것이므로

結

예전엔 길을 선택하기 위해 고심하며 걷다가,
막다른 골목길에 부딪치곤 하였다
이제 사소한 선택도 버리자고 결심하자,
나는 길도 없는 어두운 들판에 홀로 던져져
선택하지 않음은 또 다른 선택임을
알게 되었다

오른손이 한 일을 왼손이 모르게 할 것이 아니라
왼손 오른손의 구별이 없어져야 한다
분별심이 없는 곳에 남는 것이란
너와 나, 그리고 모든 것들의 목숨이다
목숨, 목의 숨, 숨쉬기
숨쉬기, 그것은 나의 화두다 잊어버려야 할 화두
그저 고맙다는 일념으로
목숨줄을 잡고 간다

悲願

목숨을 바쳐서
마음이 평안하다면
바쳐지이다

한 컵의 물에 풍랑이
물을 비움으로써 조용해진다면
비워지이다

내 속에 배 저어 가는
당신의 노가 부러져야만
천둥 같은 물소리 그칠 수 있다면,
당신을 닮은 놋대라도
부러뜨리겠습니다

아아, 누군들
스스로를 위해 살아있겠습니까

나를 위해 배 저어 간다는
당신의 빛나는 놋대를
부러뜨립니다

세월이 다하면

물가에 데려가도 고기 잡지 않고
언덕에서 한나절을 보내고도
나물 캐지 않는
목숨이여, 늘어진 개 불알이여
나무 밑에서 물고기를 희망하는
개꿈이로다
오늘은 떠나거라, 삼천대천세계 어딜 가던지
오롯한 한 물건,
그걸 물고 와 보렴
편한 대로 그 자리서 끝까지 버틴다면
개 패듯이
몽둥이로 때려서라도 내보내겠다
나가서 죽더라도 밥값을 하렴
관을 보아야 눈물 흘린다더니
세월이 다하면
늘어진 개 불알인들 어디 쓰리오
밥값을 하렴. 아니면
찾고 찾아 가는 중에 길에서 죽어
네 머리뼈에
恩典처럼

새하얀 달빛이나 담아오렴

눈 감으면

눈 감으면 웬 손이 불쑥
내 멱살을 쥐고
내놓으라고 한다
무엇을 내놓으라는지도 모르면서
나에겐 없다고 도리질을 해도,
자꾸만 내놓으라고 한다
나의 멱살을 일으켜 세워
꽃이 가득한 절벽으로 몰아세운다
꽃방석에 앉아서 보낸 지난 세월을
내놓으라 한다
내가 비켜간 숱한 꽃샘바람을
책임지라고 한다
그도 저도 아니면
열 번을 죽었다가 깨어나보라 한다

나도 모르는 비밀이 내게 있었나보다
금덩이가 있는데도 모르는 채
궁색 떨며 살아왔나?
생각에 생각을 고쳐 하는 사이,
닭똥 같은 해가 뜬다

원래 없는데, 내어줄 게 없는데
멱살을 풀지 않고 내놓으라 한다
닭똥처럼 바짝 나의 속을 태우며

어두워지기 전에

어두워지기 전에 낙조는
짧으나 가장 아름다운 세상으로
우리를 들게 한다
내 안에도 잠시 그런 세상의 빛이
느껴지는 때가 있음은,
편안한 어두움을 예고하는 것일까
빛은 아름다우나 어지러웁고
어두워지는 모든 방법은 어지러우나,
막상 어두움은 편안하고
주검은 단정하다

오늘도 내 속에선
피가 피를 나무라고,
뼈가 살을 뒤집어 이렇게
찬란하도록 어지러운 것은
편안한 어두움을 예고하는 것일까

환전 노인

차도 쪽 인도에 노인, 걸상에 앉아 웅크려 있다 허리에 전대 차고 면장갑 가득 담긴 박스 옆에 박스처럼 웅크려 있다 어쩌다 영업용택시가 환전하러 노인 옆에 멈춰 선다 다정하던 인도와 차도가 택시 양옆으로 급하게 갈라선다 한 덩어리가 되어 꼼짝 않던 공기를 비집고 대화가 끼어 든다 지폐 소리가 옷자락 스치듯 지나간다 동전이 딸랑이며 자리 옮기고, 덤으로 끼워주는 흰 신부처럼 면장갑이 운전사를 따라 길을 나선다 버릇없이 두 눈 똑바로 뜨고 노인을 쳐다보는 동전 부스러기를, 노인은 모르는 척 전대에 다시 넣어버린다 지폐와 동전이 삶을 바꾸는, 면장갑이 덤으로 그 현장을 덧칠하는, 목숨의 아귀스러움을 노인은 무심히 바라본다 다시 노인은 하염없다 인도에 웅크린 노인의 다리는 펴기만 하면 차도에 닿게 된다 노인은 맨발을 운동화 위에 얹고 있다 시간의 끝이 보이는 듯 노인은 눈을 가늘게 모으고 발끝을 바라본다 나무등걸 닮은 그 발 옆에, 생각이 많아 새카맣게 오그라붙은 개미가 지나간다 노인이 그늘 삼은 가로수는 걱정을 하늘로 풀어놓고 산다 다시 택시가 노인 옆에 서기까지, 차도와 인도는 하염없이 다정하다

해후

밤이면 억척같이
나와 악수하려는 누군가가 있다
항상 내 몸에서 떠나지 않고 서성거려서
자다가도 그 부위가 가려워
긁다가 악수하다가
잠이 깨곤 한다
찾을 무엇이 있어
이토록 나와 악수하려는 건가
넥타이 매고, 파수병을 신경의 씨줄 날줄마다
촘촘히 박아둔
낮에는 피해 다니다가
밤이면 불쑥 손을 내어 미는
아, 눈물겨운 해후

自答

목숨은 먹다버린 사과 깡태기다
말라비틀어지기 전의 그 무엇이다
베어 먹히는 동안
따뜻한 손에 쥐어져 이리저리 돌려지다가,
버려져 속살에 흙이 박히는
그 무엇이다

말라비틀어지는 와중에도
발에 밟힐까 염려하고
눈과 코가 짓무르는 찰나에도
아침에 바른 화장품의 효과를 걱정하는,

목숨은 누군가의 이빨자국이다
한 번만 더 베어 먹히고 버려졌으면
마음이 편할,
목숨은 마르기 전의 사과 깡태기다
말라비틀어질 아까운 살점이다

흑과 백

전기면도기를 열고 찌꺼기를 털어낸다
짧은 털의 무리 속엔
깎이지 않았어도 좋을
피부 각질이 섞여 있다
각질은 검은 무리 속에서 허옇게 일어나
무죄를 항변한다
죄도 없이 잡혀왔다며
부연 먼지를 일으키며 항의한다
죄 없기는 턱수염이나 각질이 마찬가진데,
한쪽은 말이 없고
다른 쪽은 거품을 물며
목숨의 주위를 어지럽힌다
검거나 희든
말 없거나 항의하든
구별 없이 휴지통에 버려질 줄 모르겠던가?
구별 없이 세상에서 버려진 만큼
차별 없는 휴식이 찾아오리라

상봉

새벽길에
밤의 취객이 토한,
퍼질러진 오물덩이
갓 태어나 눈도 못 뜨는 오물에는
고춧가루와 밥알이 선명하고

오래전에 나를 토한
하늘은 씻은 듯 마알간데

새벽길엔
아직 씻겨 내려가지 못한
오물 하나,
그리고
둘

당신을 기다리며

당신을 기다리며
방석을 깔고
기다리다가 다시,
방석을 펴어 턴다
사이다의 거품이 부서져
낮이 하얗게 부서져내리는 하오,
마당엔 주인을 잃어
열매를 열지 않는 석류나무가 있다
그리움처럼 잎이 무성하나
석류를 열지 않는 나무
주인을 잃고도 여전히
담장에 흐드러지는
능소화는 바보다
당신을 기다리며 방석을 깐다 다시 뒤집어본다
나는 석류나무가 아니라서 당신 없어도
가슴에 열매가 맺히는데
당신 없어도 열매 맺히는
나는 능소화다
흐드러진 바보다

5부

봄비

등을 밝힌 꽃들이
줄지어 나려온다
매화, 참꽃 개나리 목련,
내려앉는 방울 방울 불을 밝힌다
저 연등의 행렬 속에
돌아가신 어머니 아버지도 등불 되어 내리셔서
나의 집 대문간에 불 밝히신다
산 자와 죽은 자가 어우러지는
봄날 저녁의 미소!
방울
방울
미소 짓는
눈물

그림자

산은 순간 순간
변하는 제 그림자 찾아
몸을 눕힌다
개울에
징검다리 건너는 한 여자 있다
여자의 살 그림자
끌어올리며
개울의 한 곳이
푸들푸들 경련한다
그래서 여자는 아이 낳는구나
푸들푸들,
물 닮은 아이 낳는구나
그림자여, 청하지 않아도 찾아드는
업보여
제 그림자 벗어나서 몸 눕힐 수 없구나
살 떨게 하고
제 살 떨리지 않으리오?
모르는 새 한 마리, 산수유 너머
멀리멀리 날아간다
새는 산을 뚫지 못하나

새 그림자,
산 그림자 뚫어 주저앉힌다

年代記

내 마음의 안쪽에서 바깥쪽까지
한 다발로 묶기까지, 묶으려고 바깥으로 나오는 데만
평생이 걸렸다

개망초 꽃의 안 보이는 불알부터 잘 보이는 중등학교 교과서 정본까지를
한 시대로 묶어두고
풍경은 한 시름 놓으며 슬슬 마르고 있다
연대기에 채 묶이지 못한 앙칼진 마음들이
빳빳하게 가시를 세우며 눈 밝히는데
풍경은 태평세월이다 겨울바람에
황태처럼 얼었다, 풀렸다, 다시 얼면서
풍경은 웃는다 얼면서도 웃는다

평생이 걸렸지만 바깥으로 나온 줄 알았는데
아뿔싸, 또 다른 안이로구나

그러나 낙담도 시절 묶을 동아줄이니,
웃을 수밖에
가시를 세운 성난 세월아
나는 한 시대 속에서 마냥 웃는다

다시 금호강

식은 밥처럼 멍청히 누워있는
저 강물
차가 귀하던 이승만 시절,
가솔린 배기가스를 좇아가며 냄새 맡던 아이들처럼
흘러드는 귀한 공장 폐수에 흥겨워하다가
폐수가 되어버린
저 바보

그래도 부르던 노래는 마냥 불러라
부르다 눈물나도 그냥 불러라
사람 떠난 뒤에도 지구는 행성이요,
물고기가 떠나도 강물은 강물이다
생긴 대로 흘러라
거무튀튀한 엉덩짝 팔자대로 궁싯대며 흘러가거라

배기가스 좇던 아이들은 때맞추어 자랐나니,
그 아이들의 아이들 또한 건강하나니
악의 없는 강물, 멍청한 바보야
매를 벌더라도 해맑은 너의 웃음
웃어라 바보야, 네 모습 밝아진다

愚問愚答

별아, 너는 네가 별인 줄 알고 있니?
송아지야, 너는 네 몸이 고기인 줄 알고 있니?

별아, 네가 알고 있는 건 무어니?
송아지야, 너는 스스로를 생각한 적 있니?

아, 밤하늘의 별들아, 너희가 별이라는 사실보다
더 중요한 게 무어냐
튼튼한 송아지야, 네 몸이 보살이다 이미 모두를 이루었구나

별은 별인 줄 몰라도 별이로구나
송아지는 몸보시를 몰라도 송아지구나

나는 너무 많이 안다
모르는 게 더 많다는 사실까지, 너무 자세히 알고 있다
그래서 나는 내가 되려고
그렇게 악을 쓰며 살아왔나 보다

별은 저 홀로 별인데,
송아지는 당연히 송아지인데

중문 앞바다

중문 앞 바다는
갑자기 깊어지며
더욱 깊은 바다에 빠져 죽는다

실성한 갯바위가 바다 찾아 서성이는
빈 바다에는
갈매기 발자국만 잡풀처럼 무성하다

먼 바다의 파도가 마음 한 채 짓기 위해
끝도 없이 일어서고
허물어지는 동안

중문 앞바다는
끝도 없이 되풀이
빠져 죽는다

저 여린 비,

꽃잎 지듯 하늘하늘 떨어지는 비,
포도에 닿으며 무릎 접는다
어깨 접고 얼굴도 지우면서
무명의 나그네 되어 사방으로 길 떠난다

혜초가 동중국해로 길 떠나던 나이가
십육 세였다
지금 저 여린 비, 꿈길 가려고
스스로를 접는
오체투지의 앳된 혼이여

빗물에 새벽길이 열린다 혜초의 바랑이
빗물 위에 비친다

내리는 비야, 파미르 고원이나 타클라마칸 사막의
햇볕을 알까
빗방울 대신 모래와 바람뿐인 그 길을
한 방울 혜초가 지나갔다

팔순이 넘어 열반하도록

혜초는 고향으로 돌아오지 않았다
얼굴 지우고 사지를 접으며 길 떠나는
저 비도, 다시 오지 못하리라
그 뜻만
천 년 만 년 햇살에 걸어두리라

劍客

오뉴월에 웬 칼門이 열려있는지
방이 춥다 정신일도 멈추고
문 닫아라, 앉은 자리서 고함친다
매일 그러하였듯, 오늘도 맞수 찾아 길 떠난다
피 흘리지 않는 죽음이 어딘가에 있는데, 그런 죽음이
한 칼 한다고 들었는데,
쉬지 않고 곧장 간다 담벼락에 장미가
때 아닌 추위에 시들고 있다
장미야, 아무리 꽃문을 닫아도 바람 새느냐?
임 닮은 매화는 따뜻해지자 시들던데
따뜻할수록 몸 세우는 장미야, 이게 너의 검법이냐?
若溫起身法이냐? 물건과 닮았구나
화살표처럼 사람들이 쏠려가는 큰 길 따라 계속 간다
길에 빠진 듯 허우적이며 걷는 사람 보인다
평생 길만 따라 살아도 길에 빠진다
그러나 길을 벗어나면
벗어난 곳에서 죽는 법이다
문득 어느 고수가 공중으로 쏘아 올린 화살이
사방으로 새떼 되어 흩어진다
오늘의 맞수를 만났구나, 만약 내가 죽는다면

내 주검에 문 만들어 달지 마라
매화와 장미가 철 모르고 한 지붕 아래에서 뛰어 놀도록
더 이상 삶과 죽음이 헤어지지 않도록,
어떤 문도 수고로이 달지 말아라

남산동의 저녁연기

살아 있었구나, 초겨울 저녁답 남산동 샛길, 담보다 낮은 굴뚝에서 오르는 저녁연기
학교 가기 싫은 아이처럼 마지못해 빠져나오는 걸음걸이며, 잔바람에도 화들짝 놀라 달아나는 긴 꼬리의 창피함하며, 부르는 듯 자꾸 뒤돌아보는 조바심까지,

나의 사춘기도 그러하였지 제 풀에 스스로의 밥에 코 빠트리기 일쑤였던
그래도 겨울저녁의 연기는 나은 처지다 어두워 그들의 부끄러움이 속속들이 드러나지 않는다
제 얼굴 햇살에 드러내기 두렵던, 糞 바르고 다니는 듯한 자격지심 숨길 수 없던
그 아이보다는 나은 처지다

무엇이 그리 부끄러웠을꼬? 긴 꼬리, 糞 바른 얼굴까지 뭐가 창피하였을꼬?
세상이 그러한데, 그 아이의 사춘기는 차라리 아름다운 糞 더욱 두터웠는데

야영

검은 당나귀들이 다가오듯
어두움이 왔다
갈참나무 잎들은 끼리 끼리 입맞추며
각자의 잠자리로 찾아 들었다

지금 적막한 계곡에서
흐르는 물만이 소리 낮추지 못하는 건
물밑 모래,
돌들의 안달 때문이다
제자리에 서지도, 멀리 가지도 못하는
조바심 탓이다

검은 당나귀들이 지나가듯
밤이 깊어지고,
당나귀들이 뿜어내는 지린내처럼
질펀한 밤이
안달하는 것들의 얼굴을 덮어 버렸다

어이구, 이 사람이 누군가

—고교 졸업 삼십 주년에서

이 친구, 참말 오랜만이다
내 알아보겠나?
이름이야, 자네나 나나 서로 아슴푸레 잊었으니, 미안하지 않기로 하세
허, 참, 졸업 삼십 주년이라고 모이라는데
살다보니 한 세월이 지나네 그려
자네는 재미 좀 보았나, 해 볼 건 다 해보았고?
살아보니 참 묘하데?
학교 변소 칸에서 뻐끔담배 맛볼 땐, 세상맛이 무궁한 줄 알았는데
숨어서 먹던 소주 한 잔에 미래의 꿈을 그렸었는데,
통학 만원버스, 여고생과 몸이 닿일 땐, 인생의 열락을 짐작했는데
그 참 이상하데? 살아보니
그때의 맛보기는 인생의 예고편이 아니라, 본론이었어
담배 무더기로, 소주 돌도록 먹어도 첫맛 이상이 아니 나고
마, 친구니까 이야긴데, 이 여자 저 여자 거쳐봐도, 여고생과 스쳐 닿던
그 짜릿함보다 개운한 뒷맛은 아직 못 봤어
내 말만 했네만 자넨 어떤가, 노다지나 건졌는가?

아이 낳고 돈 벌고, 집 짓는 세상살이, 해 볼 건 대충 해 보았겠지?
한바탕 몸 풀고 나니 십대의 홍안이 오십의 중년이네
흰 뱃지 달고 입학했을 땐 청, 적색의 선배들이 부러웠고, 한해가 길더니
지난 세월에 백, 청, 적의 뱃지가 열 번이나 돌았겠네
그래도 우리, 꿈은 접지 마세
숨어서 먹던 소주, 담배의 첫맛, 세상에 대한 동경은 품고 살아가세
꿈이 녹슬 리 있겠는가?
열차는 달리고 싶다, 노병은 죽지 않는다, 등등
이 말들이 바로 자네 말이자 내 마음이 아니겠나?
변함없이 우뚝한 모교 강당을 보게
파르테논 신전 닮은 저 강당처럼
우리야 변하겠나, 무상한 세월이 변하는 거지
세월이야 변하라 하고 친구야, 우리는 변하지 마세
달리기를 갈망하는 열차처럼, 꿈을 품고 살아가세

참말로 반갑다, 이 친구야

그 사람의 아침

그의 몸속엔 고기압과 저기압이 맞물려
정지된 기류가 우울하게 고여있다
태평양에서 올라온 후텁지근한 저기압이
그의 사타구니에 머물며 눅눅히 욕망을 키워가는 동안
베란다 모퉁이에 세 든 비둘기가 새끼를 친다
속옷은 벌써 여러 날 빨랫줄에 걸린 채 내려오지 못한다
구름도 젖은 속옷처럼 늘어져 땅에 바싹 가깝다
몇 단의 구름처럼 높던 그의 상념은
지금, 시베리아 고기압에 묶여
먼 하늘 어디에서 서러운 밥을 얻어먹고 있다
매스컴에선 오늘의 강수확률이 이십 퍼센트라 한다
대문을 나서다가
그는 복압을 느끼며 화장실로 돌아선다
엄청난 핵토 파스칼의 태풍이 변기를 휘젓는다
그는 시베리아 구름처럼 건조한 화장지를 바라본다
그의 하루는 팔십 퍼센트 이상의 확률로 우울하다
비 내리면 그의 사타구니는 더욱 눅눅해질 테고,
비에 풀린 비둘기의 똥이 베란다에서 천천히 흘러 나와
방울 방울 떨어져
그의 마당을 칠갑할 것이다

그러나 나는 안다

아내는 나의 퇴근시간이면, 아파트 칠 층 베란다에서 마당 쪽을 내려다보았다 내가 무심히 마당을 걸어오면, 톡 톡 혀를 굴려 얼굴을 치어다보게 하였다 올려 보는 아내의 얼굴엔 설레임의 빛이 시원한 이마에 설핏하였다 그러던 아내의 얼굴이 나이 들면서 보기 힘들어졌다 잔정이 묵은 정으로 바뀌어도 나는 아내가 없는 베란다를 습관처럼 올려본다 오늘도 식탁엔 아내의 변함없는 손맛으로, 겨울 시금치가 몸을 부풀리며 푸른 숨을 쉴 것이다 우리가 잠들면, 창 밖의 나무는 밤새 툭 툭 뼈를 세우며 밝아올 사랑을 준비할 것이다 나는 안다 새벽녘 아내가 깨기 전에, 도마 위의 식칼은 새 재료를 기다리며, 사랑의 예감으로 날을 세울 것임을. 나는 안다 아내의 손이 닿은 화분이나 어린 자식은 마침내, 아내의 혀굴림처럼 톡 톡 꽃송이를 내어 밀 것이다 일 년 내내 식탁에 가지런히 놓이는 두 사람의 수저처럼, 사랑은 동행할 것이다 나는 안다 어떤 꽃도 아내 대신 혀 굴릴 수 없음을, 나이 든 아내는 혀 굴리기 민망함을. 잔주름이 늘수록 잔정이 그립다 그러나 나는 안다 몇 생이 지나서 우리가 다시 부부 되기까지, 새로 젊어진 아내가 혀 굴릴 때까지, 그 소리 들을 수 없음을

原罪

죄는 아파트의 지하실이나 방공호 안에,
아무에게도 분양되지 않은, 공동소유지만 누구의 것도 아닌
그런 곳에 살고 있다
그리웁고 서러운, 따뜻하나 어둡고 습한 땅에서
죄는 구렁이처럼 몸을 꼬은 채 살고 있다
구렁이가 몸을 꼬는 것이 죄스러움 때문인가?
우리가 두 발을 땅에 딛고 사는 모습이 죄 탓이란 말인가?
장마 끝 무렵의 밤이면
사람들은 집의 밑바닥, 창자의 저 밑에서 울려오는
구렁이의 울음을 듣게 되고
그 저음에 진저리 친다
그러다가 남모르는 부끄러움에 돌아눕는다
하늘 부끄러운 줄 알면서 누대를 살아온 그 심성이
죄요, 몸을 꼬게 하는 것이다
그러나 막상 방공호 안이든 아파트의 지하실에서
죄와 마주친 사람이 있는가?
죄는 없다 원죄란 없다
어두움에 길든 눈먼 구렁이의 토악질처럼
슬그머니 무너지는 장마 끝의 토담처럼
죄는 그렇게 있다 증명할 수 없는 부끄러움으로

승부

태양은 좀체
나의 가슴에 불구멍을 내지 않는다
그저 수십 년에 걸쳐
오븐 속의 통닭처럼
서서히 나를 달구어가고 있다
죽어가는 것이 살아가는 것으로 믿어질 만큼
세상은 규칙적으로 돌아간다
아, 저 최면처럼 일정하게 돌아가는 톱니바퀴에
재갈을 물려라,
내가 뛰어내려
살가죽이나마 방패처럼 당당히 가슴 앞세우고
태양과 승부를 겨루고 싶다
태양은 황금빛 갑주를 입고 마주 서 있다
사람들이 내세우는 온갖 삶의 이유를
태양은 장식처럼 가슴에 주렁주렁 뽐내고 있다
찔러라, 멋지게 한 번은 터지고야 말
이 가슴에 불구멍을 내거라
삶의 어떤 이유도 장식일 수밖에 없는,
나를 태양으로부터 돌려받고 싶다

겨울 해변

木船은 포구에 기대어
곤한 잠이 들었다
죽었니? 죽었어? 하며 파도가
木船의 발가락이며 샅을 간지럽힌다
지난 밤 꼬박 불 밝혔던 木船의 집어등은
오한에 떨며,
폐를 앓는 木船이 쿨럭일 때마다
피돌기를 멈춘 실핏줄 닮은
파란 잔금을 드러낸다
새벽에 실려 온 오징어는
튼튼한 이두박근에 들려 먼 곳으로 떠나갔다
해소기침으로 웅크린 木船의
옆구리에 붙은
폐타이어는 연신 젖을 보챈다
발 빠른 해가 기울어 어언 저녁이 가깝다
漁況과 일기를 예보하는 라디오 소리에 귀 기울이며
木船은 종일 쿨럭이고,
집어등은 하얀 배를 부풀리며 숨쉬다가
다시 불 밝힐 생각에
부르르 진저리친다

사리암 가는 길

땀 들이며 쉬어 가는
오르막 구비 구비
오르다가 주저앉은 소나무며 향나무
그 자리에 퍼질러 집을 지었다
삶은 어둡다 빈 물통처럼 울린다
나무에서 나무로 달아나는
저 닭비의 비상처럼,
목숨은 길다 노끈같이 이어 간다
끊어질 듯 이어지는 노끈을 손에 잡고
더듬어 가는 삶은 어둡다, 너무 크게 울린다
조건이 없어도 삶은 목마르고
고비마다, 잡으라고 불쑥 내 앞으로 들이미는
이 끈을 놓고 싶다
어둡기 전에
저물고 싶다

1. 모호한 삶에서 의미 찾기

아침 출근시간에 여유가 남길래 잠시 거실에 앉아서 베란다를 내다보았다. 베란다의 창가에 있는 군자란의 두터운 잎들 사이로 분홍빛 기운이 비치는 게 보였다. 베란다로 나가서 군자란 화분을 돌려 세워보니, 언제 피었던지, 너덧 송이의 꽃이 두터운 초록 잎들 사이에 안기듯 피어있었다. 꽃은 보아주는 사람도 없이, 피어나는 대로 아파트 칠 층 바깥만 내다보고 있었던 것이다.

詩도 그와 같을 것이다. 아니, 詩가 아니라도 좋다. 어떤 종류의 가치이든, 가치는 그의 모태에 이미 내재되어 있다. 모든 의미는 모태 속에서 스스로 만개하고 때가 되면 진다. 그것으로 족하다. 그것으로 그만이다. 단지, 의미 없이는 삶을 이어가기 버거운 사람들이 의미를 애써 발견하고 그 의미에 자기 방식의 이름을 갖다 붙인다. 피어난 김에, 칠 층 바깥을 구경하며 자족하고 있을 군자란의 꽃을 굳이 거실 쪽으로 돌려세우고는 만족해하는 나의 일상처럼.

그럼, 나에게 물어보자. 스스로 유유자적하고 고답적인 세상의 이치들을 무엇 때문에 詩라는 틀로-그것도 애초에 묶이지도 않을 어설픈 틀이며 손재주로-묶으려고 하였으며, 굳이 그 이치들을 내 쪽으로 돌려 세워가며 대면하려 하였던가? 즉시 떠오르는 대답이 있다. 그것은 삶의 불확실한 의미에 대한 두려움 때문이었다. 군자란의 꽃을 거실로 돌려세움으로써 은연중에 거실이 의미화하기를 기대하였듯이, 스무 살의 청년은 詩라는 도구로써 삶이 어떤 의미와 대면하기를 고대하였다. 삶의 무심함,-피를 원하는 칼 한 자루를 나의 앞으로 밀어놓곤 무연한 듯 사방으로 열려있던 삶의 무심함!-으로부터 스스로를 구해내고 싶었다. 살아남고 싶었던 절박함으로, 청년은 공중에서 의미를 낚아야만 하였고 詩라는 도구를 빌어, 목숨의 의미를 낚아서 자기에게로 돌려세워야만 하였다

그런 동기에서 詩를 시작하였으나, 몇 년 되지 못하여서, 내가 가지는 허술한 詩의 틀로는 삶의 무심함을-허무함과는 다소 다르다. 허무는 삶의 도정에서 느껴지는 것이지만, 열심히 살고 싶은데 삶의 시동이 걸려지지 않는 것이 무심이다. 허무는 사람이 느끼는 것이요, 무심은 삶 혹은 목숨이 사람에게 부과하는 객체적인 존재이다—대적할 수 없다는 절망감을 느꼈다.

그래서 청년은 절대 존재에 의존하고자 하였다. 성경을 읽고 교리를 배우기도 하였다. 지금도 기억난다. 대학시절의 어느 봄날, 방 창호지로 환하게 스며드는 햇살을 받으며 성경을 읽던 기억이, '이것들을 증거하신 이가 가라사대 내가 진실로 속히 오리라 하시거늘…' 이란 구절을 눈물로써 되풀이 외우던 기억이 난다. 그러나 유일신은 나의 길이 아니었다. 절대 단정으로 귀결되는 그들의 어투를 나는 참아낼 수 없었다.

이후, 詩 속에서나 詩 밖에서도, 나는 도그마나 테제를 떠올리는 어떠한 종류의 단정과 주의, 주장을 거부하였다. 생각건대, 종교를 위시한 어떤 독단도, 삶이라는 프리즘을 통과하면, 추종자와 피해자로 분광된다. 개체마다 다른 환경이나 성격을 감안할 때, 상호간에 의견은 가능하나 독단은 금물이다. 세상은 이즘을 필요로 하지 않고 상호존중을 필요로 한다. 어떠한 금과옥조라도 불특정한 피해자를 담보로 하고 있다.

2. 존재의 위로와 사물 파악하기

그 후, 불경을 외우고, '아제아제 바라아제 바라승아제 모지사바하' 를 불렀건만, 삶의 조급함은 불교의 보편적인 진실을 기다리고 있을 여유가 없었다. 청년에게는 바람막이가 시급하였다. 살아남을 수 있는 위안이 필요하였고, 따라서 시는 삶의 위안을 구하고 自存을 격려하는 쪽으로 방향을 잡았다. 타인의 詩를 읽을 때에도, 시인이 말하고자 하는 메시지에는 관심이 없었고, 언어건축물의 조형미, 이미지의 리듬감, 언어를 붙이거나 뗄 때의 핵분열이나 핵융합 같은 에너지의 찬란함에 넋을 빼앗겼었다. 그 당시에 탐닉하던 시로는 김춘수의 「타령조」 연작, 「나의 하나님」, 강은교의 「다음에 올 때면 그대여」 등이 있다. 김춘수의 숱한 시에 탐닉하면서도, 그의 대표작이라 할 수 있는 「꽃」이나 「부다페스트에서의 少女의 죽음」과 같은 시에서는 위로를 발견하기 힘들었다. 그 시들은 당시의 나에겐 의미의 과잉이며 정도를 지나친 친절이었다.

그러한 자기위안이 시를 읽거나 쓰는 감성적 동기였다면, 무모할 만큼 무표정하고 고답적인 뭇 사물들의 실체를 파악해보고 싶었던 욕구가 이성적인 동기였다. 말하자면, 달의 뒷면처럼 영원히 볼 수 없는 사물의 이면을 직관을 훈련함으로써 읽어보고 싶었고, 보이는 면을 철저히 읽음으로써 감춰진 부분이 스스로 베일이 걷히도록 하고 싶었다. 사물의 보이는 부분을 철저히 파악한다면, 전체가 스스로 그 모습을 드러내게 되리라는 믿음을 가지고 있었다. 그 배경에는, 어떤 물체라도, 자신을 대표하지 못하는 부분을 가지지는 않으리라는, 부분은 당연히 전체의 대변자이지 않으면 안 된다는 확신이 있었기 때문이다. 우리의 신체만 봐도 그렇지 아니한가? 내 몸의 어떤 부위에서 DNA를 추출하여도, 그 DNA의 구조는 전체적인 나를 대변하고 있다. 이러한 관점을 가지고 詩作에 임하였던 시절은, 1986년 봄에 첫 시집 『삼중주』를 발간하게 하였다.

3. 임의 설정 및 삶의 모순에 대한 원망

그러나 자기위안을 목적으로 하는 감성적인 동기는, 그 의도 자체가 나약하여, 스스로 지칠 수밖에 없음이 예고되어 있었고, 사물의 실체를 파악하려는 이성적인 의도 또한, 얼마나 지루하며, 잘 꾸며진 논리의 허구였던가?

사물을 자세히 보게 되면서, 청년은 여러 가지 삶의 모순들을 지나칠 수 없었다. 왜, 강간에 의해서도 귀중한 목숨이 잉태되는지, 왜, 동물은 애처롭고 사랑스러운데 그 고기는 맛이 있는 것인지, 왜 무엇을 먹어야만 정신이 유지되는지, 왜, 남자의 마음은 한 여자에 고착되고 싶은데 욕망은 뭇 여자들의 스커트 밑을 기웃거리는지, 등, 숱한 삶의 모순들을 감당하기 어려워지면서 청년은 하소연할 대상으로 '임' 을 설정하였다.

그 임은 전지전능한 창조주일 수도 있고, 고귀하여 얻고 싶은 여인일 수도 있고, 고정된 대상이 아닌, 그리움 그 자체, 혹은 단순한 하소연의 대상일 수도 있었다. 그러나 여성성을 지닌 것만은 분명하였다. 당시에 청년은, 여자는 남자보다 죄지음이 적을 수밖에 없어 천국에도 남자에 앞서 선택된 존재라는 생각을 가지고 있었다. 여성성 자체가 남성보다 더 자비로울 뿐만 아니라 수동적이지만 범죄의 가능성이 적고 무엇보다, 남자보다 태생적으로 이성에 대한 음심이 적어서, 간음이나 여타 죄지음의 기회도 희박하다는 현실적인 판단이 작용하였다. 따라서, 남자로서의 모순된 욕망과 그리움을 하소연하기 위하여, 임은 여성일 수밖에 없었다. 그러나 그 임에게 청년은 자신에 대한 절대권력을 부여하지 않았고, 임 역시 고정된 실체가 없이, 계속 그 모습을 바꾸면서 나타나곤 하였다. 그렇게 임에 매달려 하소연하고 원망하며 보내던 시기의 작품들로써, 1994년 두 번째 시집 『날이 갈수록 별은 보다 높이 뜨고』를 묶어내었다.

4. 모순의 포용과 존재의 긍정

하소연하고 원망하는 詩를 살아가던 어느 날, 문득, 원망이나 비난 일색의 태도는 삶을 갉아먹음으로써, 죽음에 이르게 되는 길일 뿐이라는 깨달음이 일었다. 새삼스레 나는 살고 싶었고, 창창한 삶을 누리고 싶었다. 원망의 건너편에 긍정이 우뚝하니 자리 잡아야만 내가 존재할 수 있고, 긍정이 없으면, 원망도 균형을 잃고 나락으로 떨어질 수밖에 없다는 뉘우침이 들었다. 그러한 뉘우침의 배경에는 그 당시 투병 끝에 돌아가신 아버지의 영향이 컸었다. 아버지께서 돌아가시자, 인생은 일회성이기 때문에 귀중하지만, 되풀이되지 못하는 일회성인 만큼 인생이 보잘것없는 것일 수도 있다는 깨달음이 일었다. 일회성 인생의 귀중함에만 매달리며 살다가, 아버지의 유고로 말미암아, 일회성의 부질없음에 눈을 떴던 것이다. 인생 자체가 보잘것없을 수도 있다고 생각하자, 살아가면서 소중하게 연연해오던 모든 것이 가벼워지고, 내가 괴로워하던 삶의 모순들도 자연히 그 무게가 가벼워졌다.

자연히 임에 대한 요구나 원망이 축소되고, 보잘것없으나 소중한 자아를 재발견하게 되면서, 왜소한 자아의 확대가 이루어졌다. 시에서도, 하소연이나 원망 일색의 시어보다 사랑을 노래하는 시가 많아지게 되었다. 그리고 마침내 내가 설정하였던 임과 결별하였다. 결별하니 그제야, 오래전부터 나는 청년이 아니었음이 자각되었다. 이미 나는 자라나는 아이의 아버지였다. 당시에, 시집 『돌아가는 길』을 출간하였다.

5. 분별심의 파기와 목숨에의 초대

임과 결별하면서 갑자기 자유를 맞이한 나는 갈 길을 찾지 못해 당황하였다. 자아의 확대란 자기 풀어주기에 다름 아니었다. 갑작스런 자유는 방황을 맞이하였고, 길지 않은 방황 끝에, 나는 방황의 원인이, 모더니즘에 길들여져온 나의 획일주의, 객관주의에 그 원인이 있음을 깨닫게 되었다. 의식적으로 경원시 하여온 리얼리즘과는 또 다른, 모더니즘적인 논리에 자신도 모르는 사이 길들여졌었고, 그렇게 길들여진 결과물이 분별심임을 깨달았다. 분별심이 자기확대, 자유를 가로막았다. 분별심의 예를 들어보자. 대학시절, 학보사에 당선소감으로, 「시적인 의학, 의학적인 시」라는 제목의 토막글을 실은 적이 있었다. 그 이후, 의학도로서 시와 의학의 동일화를 이루기 위하여, 휴머니즘 혹은 실체파악의 동기를 의학과 시 사이의 매개체로 삼아, 시와 의학이 둘이 아닌 하나로 묶여지도록 고심하였었다. 그러나 애초에 시와 의학은 둘이 아니었다. 그러니, 묶어야 할 아무것도 없는데 묶으려고 헛된 용을 썼던 셈이었다. 애당초, 대상과 내가 둘이 아닌 하나였음에랴! 그 단순한 진실을 체득하는데 숱한 젊음을 지나왔던 셈이다.

오른손이 한 일을 왼손이 모르게 하라고 하였다. 그러나 그 속의 진정한 뜻은 오른손이니 왼손이니 하는 구별 자체를 없이해야 한다는 의미라고 나는 생각한다. 문자 그대로, 오른손이 왼손 모르게 일을 한다면, 조강지처도 모르게 남편이 저만 좋은 일을 해야 한다는 그릇된 해석을 낳을 수도 있다. 왼손 모르게 할 수 있는 오른손의 일이 어디 있을 것인가? 오른손이 곧 왼손일 때에 숨길 것도 용서할 것도 없어질 것이다.

분별심을 버리기로 작정하자, 넓은 세상에 남는 것이란, 너와 나, 그리고 모든 것들의 목숨이었다. 상하며 좌우로 구별이 없는 생명, 상호의존하여 하나인 목숨들, 나는 어디를 가든 무엇이 되든, 감사한 마음으로 목숨줄을 쥐고 따라 살기로 하였다. 모든 사물은 목숨의 표현이며 그 뜻이었다.

이 시기의 작품으로 이번 시집을 발간한다.

6. 不在를 꿈꾸며

그러나, 목숨에 의식을 집중하고 목숨을 주제로 삼은 지 오래지 아니하여, 죽음이 보이기 시작하였다. 다만 그 전과 다른 점은, 예전엔 죽음이 두려웠다면, 이때에 이르러선 두려움보다 허무에 가까웠다. 오른손과 왼손처럼, 칼날의 양면처럼 목숨과 죽음이 하나인 줄 알면서도 좀체 허무감을 떨쳐버릴 수 없었다. 그러나 허무감에 그대로 젖어버리는 것은, 자기가 일을 저질러놓고도 애꿎은 어머니에게 턱없는 투정을 부리는 어린아이의 무책임함과 다를 바가 없다는 생각이 들었다. 어린아이는 무책임할 수 있으나 나는 없는 책임도 덮어써야 할 기성세대였다.

이 시점에서 죽음의 유용성을 탐구한다면, 또 하나의 분별심을 키우는 꼴밖에 되지 않을 듯하여, 나의 상태와 상관없이 스스로를 관조하기로 하였다. 觀하는 방법도, 집중(사마타)보다 바라봄(비파사나)에 무게를 두었다. 삶(正)과 죽음(反)이 스스로 合을 이루기를 바라며, 나를 벗어나 그냥 바라보기만 하기로 하였다. 그리고 시는 자동기술적으로 빚어지도록 방치하였다. 물론 이때 말하는 자동기술은 초현실주의에서 거론하였던 용어와는 그 뜻이 사뭇 다르다. 내가 말하는 자동기술은 무의식을 목표로 하지 않으며 초이성적인 꽃을 구하지도 아니한다.

시만 자동기술로 쓰여질 것이 아니라, 살아가는 방식도 기술을 걸지 말고 '그냥 살 것'을 나에게 주문하였다. 현대과학은 모든 물체를 3차원 너머 에너지의 집합체로 인식하지만, 너와 나, 삶과 죽음도 하나의 일관된 흐름이자 집합체이며, 누가 어떻게 하기 전에 모든 것은 이미 그렇게 되어져 있으므로 나는 그냥 살기만 하면 되는 것이다.

관조 이후 지금의 나는 〈不在〉를 꿈꾸고 있다. 〈不在〉는 위에서 말한바 집합체의 母性이라고 믿고 있다. '不在 서설'이라고 이름 지은 토막글로써 내가 생각하는 不在의 일단을 설명하고자 한다.

나의 '부재'는 지금 없다라는 뜻보다, 원래 없었다는 뜻이다. 작게는 내가 50년 전에는 없었던 존재요, 크게는, 진화론 너머, 종의 기원을 너머, 50억 년 전에는 지구가 없었고 그 전에는 우주가 없었고 마침내, 있다 없었다는, 물질이니 반물질이니 하는 구분마저 무의미한, 무의미라는 의미조차 지워진, 지워짐 자체가 없는 그런 '부재'다.

이 '부재' 는 수십 년 동안 속아온 기준이나 가치관에 대한 반역이며, 있는 그대로의 세계, 본래의 나를 만나고 싶은 욕구의 발로이기도 하지만, 죽음을 준비하고 죽음 이후를 조망하려는 의도도 있다.

'나' 니, '너' 니, 어떤 주장이나 노력은, 어떤 의미나 무의미조차도, 그 고향이 있고 그 근원으로부터의 나이가 있다. 그러나, 그 나이보다 무한대로 큰 부재가 있었다. 이 부재는, 있고 없음이 서로 기대어 영원히 이어진다는 연기설마저 넘어서고, 하나님이 있었다는 태초의 경계마저 끊어지는, '부재' 라고도 부를 수 없으나 그렇게 밖에 부를 수 없는, 기대고 싶고 불러보고 싶으나, 근원을 가지는 그런 욕망으로부터 비켜있는 집! 이다. 원래 없었다는 정의마저 비켜있는 집, 그러나 지금, 한정자인 '내' 가 '부재' 라고 이름 짓고 그리워하는 그 집!

부재는 존재다. 그러나 말과 뜻 속에서만 부재니 존재요, '부재' 는 한정자인 내가 부르는 주문 같은 '집' 이다.

● 해설 ●

서정시의 비전, 그리고 화엄을 꿈꾸다

서지월(시인)

김세웅 시인은 등단 후 25년이 넘는 이제는 어엿한 중견시인으로 자리잡고 있다. 그가 낸 시집은 몇 권 안 되지만 그의 인간적 면모나 시를 쓰는 자세가 반듯함은 이번의 시집에도 여실히 드러난다. 나와 함께 오랜 동안 대구에서 〈낭만시〉 동인을 함께 해 왔으며 그의 시정신이 어디에 있는가 하는 것도 이번 시집을 통해서 더욱 확연해짐을 짐작할 수 있었다.

냉소적이었던 80년대를 지나오며 그리고 90년대라는 이념이 무의미한 시대를 지나 2000년대를 맞았는데 나는 누구보다도 김세웅 시인의 독자로서 오랜 세월 그의 행보를 보아왔는데 조금도 느슨하지 않는 반듯한 인격과 시의 보법에 늘 외경심을 가질 정도였다.

세상이 아무리 다변화 되고 무수한 전문직업이 우후죽순처럼 생겨나도 고래로부터 시를 쓰는 시인은 선비적인 데가 있어야 한다고 주장해 온 나로서는 그 품위를 잃지 말아야 하며 인간이 행하는 일들 중에 정신적인 가치를 추구하는 게 예술세계인 만큼 정갈한 인성도 한 몫 해야 한다고 생각하는 것이다.

더도 아니며 덜도 아닌 낯설지 않는 데서 오는 푸근한 그의 인간미와 또는 무위자연에의 지향과 일상에서 떠올리는 생각의 편린들이 때론 예리하게 때론 무던하게 때론 은유적인 시적 정신사로 비쳐지는 것이 이번 시집의 핵심이라 할 수 있을 것 같다.

김세웅 시인의 시에 남다른 애정을 가지고 있는 것도 사실인데 그 이유는 조금도 흐트러짐 없는 언어조직 그리고 예리한 상상력의 조화가 나를 뭉클하게 했음이 한두 번이 아니었다. 인간이 하는 행위 가운데 하나인 시를 쓰는 행위가 김세웅 시인에게는 유희도 액세서리도 여흥도 아니며 자신의 삶에 대한 가치관, 그 성찰로 비쳐진다.

*

김세웅 시인이 보여주고 있는 주정적인 시세계는 먼저 자연 속에서 찾는 자아의 목소리가 그것인데, 먼저 「인연」이라는 시를 보자.

> 어린 날 강물에 던진 돌들
> 지금 어디에도 없으나, 어느 강바닥에

곰곰이 잠겨있을 겁니다
돌들은 느낌표의 비상으로 기억 속에 있습니다
앳된 모습 그대로
돌들은 강바닥 어디선가 허리 구부려
세월 닮은 물살에 목물 계속 하겠지요
내가 허리 굽혀 삶의 뙤약에
등을 태워온 것과 같은 모습으로 말입니다

어른 되고 내가 점점 둥글어지듯
돌들도 어디선가 둥글어지겠지요

-「인연—금호강에서」 일부

이처럼 서정성을 강하게 내포하고 있으면서 자연의 상관물을 대상으로 하되 평범한 일상이나 추억 따위가 아니라 관조적 세계를 보여주고 있는 게 공통점으로 보여진다. '어른 되고 내가 점점 둥글어지듯/돌들도 어디선가 둥글어지겠지요' 이렇듯 그에게 번뜩이는 관조는 그의 서정시의 한 특성으로 자리잡고 있다고 해야 옳을 것이다. '허리 굽혀 삶의 뙤약에/등을 태워온' 시인 자신과 '강바닥에/곰곰이 잠겨있을' 돌들의 비유가 눈에 뜨이는데 그 돌들은 '느낌표의 비상으로 기억 속에' 존재하며 '세월 닮은 물살에 목물 계속' 한다는 것이다. 서정시에서 무덤덤하게 처리할 수 있는 이런 대목에서도 그는 선명한 이미지로 떠올려준다.

그 큰 입에 아버지 무덤 들어갈라,

쏙독새 울음에 내 속이 파인다

붉은 속은 파여 더욱 붉어져

내 속에서 익는 밥, 뜨거운 밥

아버지 생전의 김이 솟던 밥!

새여, 더 크게 울어라, 모질게 울어서 원수지거라

—「寒食」 일부

위 「寒食」이라는 시에서 보면, 쏙독새 울음소리가 예사로 들려오는 게 아니다. '그 큰 입에 아버지 무덤 들어갈라', '새여, 더 크게 울어라, 모질게 울어서 원수지거라'. 이처럼 부성애에 대한 애환의 삶이 자식代에 와서는 恨으로 자리잡는다. 우리의 민요 아리랑이 그냥 흥얼거리는 곡조가 아니라 그 속에 우리 민족이 걸어온 숨결이 평온하지만은 않았던 것을 느낄 수 있는 것과 맥락을 같이한다 할 수 있다. 세계 어느 나라 민요보다 그리고 우리의 다른 민요보다 아리랑이 구슬프다는 것은 우리 민족, 즉 아버지 어머니 누이들 세대의 삶이 평탄하지 않았음과 깊게 연관 된다. 소월의 「접동새」가 오누이의 이별의 슬픔을 노래하고 있듯이 김세웅 시인에게는 특이하게 어머니 보다 아버지에 대한 부성애적 감성이 남다른가 보다. 한국 대개의 恨의 정서를 다룬 시가 모성애를 바탕으로 쓰여진 것에 비해 부성애를 모티브로 하고 있다는 데 주목해 볼 필요가 있다. 어머니가 자식을 낳아 기르고 가계를 돌보던 노동도 어디에 비할 데 없지만 가계의 든든한 기둥이었던 아버지가 소설도 아닌 시에서 기억의 저편에 있는 게 아니라 시인의 기억 속에 깊이 각인되어 나타나는 게 보기 드문 일로 받아들여진다.

김세웅의 시에서 더러 나오는 소재가 덕촌동인데 여기에 주목해 볼 필요가 있다. 아마 시인 자신의 성장과정을 제공해 준 공간적 배경으로 읽힌다.

보리는 앞만 바라본다
덕촌동의 보리는 허리 구부려지기 전에
만나야 할 누가 있는지
앞만 쳐다본다
어구산 산그늘이 하루에 한번씩 일어났다
주저앉기를 수 십 차례,
눈 먼 보리여, 욕심이 앞서는 보리여
때 되면 허리 굽혀 낱알을 털면 그뿐,
만나야 할 임은 애시당초 없었다
바람만 불어도 기웃 기웃 내다보고
멀리 대원못의 푸른 물에 흰 구름만 비치어도
깜짝 놀라 고개 드는
보리여, 스스로의 하늘을 등에 지고서

더 이상 무얼 기다리는가
기다림에 지쳐 눈 먼 무덤들을 보아라
눈물 줄기가 굵어갈수록 천천히 흐르는
저 개울, 저 강을 바라보아라
보리여, 네 등에 노을이 깊었구나
허리 굽혀
짐을 받아라
그 짐 안에, 네 보리菩提가 있다

—「보리의 보리菩提」 전문

'先山의 보리밭' 이라는 부제가 달린 작품이다. 보리를 통해서 보는 현재의 세계는 알고 보면 유년의 기억 속의 보리가 현재에까지 와서 시인의 눈에서 지워지지 않음이 목격되는데 그 보리 역시 애환의 삶을 함께해 온 보리다. 그러한 보리 또는 보릿고개의 애환을 삭히며 살아온 삶이기에 시인에게는 지금도 그 보리밭 풍경이 예사로 비치지 않는 것이다. 보리를 의인화해서 '보리여, 네 등에 노을이 깊었구나/허리 굽혀 짐을 받아라/그 짐 안에, 네 보리菩提가 있다' 고 경전세계 속의 '보리菩提' 와 합일된 세계를 열어 보여주고 있는 게 놀랍다. 그만큼 애환과 시련을 극복해 온 초연함의 자세로 보여진다. '눈물 줄기가 굵어갈수록 천천히 흐르는 저 개울, 저 강' . 이런 표현에서는 우리가 놓쳐서는 안 될 시인의 깊은 사유가 한 몫 하고 있음도 확인된다.

금호강에 오면 시인은 유년기를 떠나와 젊은 날 도심생활 속의 시대사와 만나게 된다.

식은 밥처럼 멍청히 누워있는
저 강물
차가 귀하던 이승만 시절,
가솔린 배기가스를 좇아가며 냄새 맡던 아이들처럼
흘러드는 귀한 공장 폐수에 흥겨워하다가
폐수가 되어버린
저 바보

그래도 부르던 노래는 마냥 불러라
부르다 눈물나도 그냥 불러라
사람 떠난 뒤에도 지구는 행성이요,
물고기가 떠나도 강물은 강물이다
생긴 대로 흘러라
거무튀튀한 엉덩짝 팔자대로 궁싯대며 흘러가거라

배기가스 좇던 아이들은 때맞추어 자랐나니,
그 아이들의 아이들 또한 건강하나니,
악의 없는 강물, 멍청한 바보야
매를 벌더라도 해맑은 너의 웃음
웃어라 바보야, 네 모습 밝아진다

—「다시 금호강」 전문

견자적인 입장에서 금호강을 보고 있는 듯이 보이나 금호강을 배경으로 살아온 젊은 날의 금호강이 이제는 옛날의 금호강이 아니다. '식은 밥처럼 멍청히 누워있는/저 강물' 이지만 그래도 금호강은 금호강이라고 힘주어 말하는 것이다. '그래도 부르던 노래는 마냥 불러라/부르다 눈물나도 그냥 불러라/사람 떠난 뒤에도 지구는 행성이요,/물고기가 떠나도 강물은 강물이다/생긴 대로 흘러라/거무튀튀한 엉덩짝 팔자대로 궁싯대며 흘러가거라' 라 읊은 것이다. 금호강은 낙동강의 지류로 분지도시인 대구 동촌을 가로질러 낙동강으로 흘러가는데, 몇 안 되는 대구의 유원지로 널리 알려졌던 곳이니 시인에게는 더욱 남다른 애정이 묻어있는 것이리라.

자세히 보면, 김세웅 시인의 시읽기의 즐거움을 많은 시편 속에서 찾을 수 있다. 그가 언어구사를 그리고 대상에 대한 상응관계 설정을 얼마나 조화롭게 잘 구가하고 있는가를 보여주는 일례가 되기도 하는데 먼저 시 「풍경」을 보자.

비쩍 마른 시골길에 누렁개가 간다
일 없이 바쁜 걸음에 맞춰
시냇물이 마를 듯 말 듯 나란히 걸어간다
비칠비칠 걷는 냇물은 목이 마른 듯
한 번씩 혀를 빼어 물고 제자리에 멈춰 선다
개도 멈추어 앞발로 땅을 긁는다 코를 킁킁 갖다대며
제자리에 맴돈다 무언가를 뒤적인다
냇물은 작은 웅덩이를 만들어 제자리 돌며, 개를 기다린다

기다리면서 냇물은 한 다리를 들어 냇가 풀섶에 오줌을 눈다
풀섶 아랫도리에 오줌거품이 하얗게 일어난다
뒤적이던 물건에 흥미 잃은 개가 다시 걷는다
고의춤을 올리며 급히 뒤따르던 시냇물은
신발 한 짝을 빠트린다
시냇물 뒤에 외따로 남아있는 운동화 하나,
제자리에 걸려 떠나지 못하는
마음 한 짝

─「풍경」 전문

제목을 「풍경」이라 했지만 풍경 자체가 아님은 확연하다. 누렁개가 비쩍 말랐는 줄 알았더니 시골길이 비쩍 말랐다는 표현을 하고 있다. 또 재미있는 표현은 시골길만 비쩍 말랐는 줄 알았는데 '시냇물이 마를 듯 말 듯 나란히 걸어간다' 했으니 시냇물마저 같은 처지인 것이다. 게다가 '비칠비칠 걷는 냇물은 목이 마른 듯/한 번씩 혀를 빼어 물고 제자리에 멈춰 선다' 했으니 작은 웅덩이를 형성하고 있으며 거기 '비쩍 마른 시골길'을 가는 누렁개의 모습이 시냇물에 얼비치고 있는 것이다. 이런 구체화된 표현으로 실감을 자아내는 풍경 속에 끼어든 새로운 등장인물은 운동화 한 짝이다. 시인은 '제자리에 걸려 떠나지 못하는/마음 한 짝'이라 표현했는데 시인의 내면의식를 보여주는 상징적 의미로 자리잡고 있다. 복합적인 이미지의 중첩이 충돌을 일으키는 게 아니라 조화를 이룸으로써 훨씬 시를 시답게 하고 있다. 역시 여기서도 한 시골 풍경을 통해서 제시해주

고자 하는 것은 뿌리내렸던 유년의 고향정서인데 거부하려고 해도 거부할 수 없는 끈끈한 향토정서인 것이다.

김세웅 시인에게 재현되고 있는 자연 내지는 고향정서는 뿌리정신 그것이라 말했는데 그냥 스쳐지나가는 바람 같은 게 아니라 생명의 근원정서로 자리매김된다.

산은 순간 순간
변하는 제 그림자 찾아
몸을 눕힌다
개울에
징검다리 건너는 한 여자 있다
여자의 살 그림자
끌어올리며
개울의 한 곳이
푸들푸들 경련한다
그래서 여자는 아이 낳는구나
푸들푸들,
물 닮은 아이 낳는구나
그림자여, 청하지 않아도 찾아드는
업보여
제 그림자 벗어나서 몸 눕힐 수 없구나
살 떨게 하고
제 살 떨리지 않으리오?
모르는 새 한 마리, 산수유 너머

멀리멀리 날아간다
새는 산을 뚫지 못하나
새 그림자,
산 그림자 뚫어 주저앉힌다

―「그림자」 전문

이러한 관조의 세계는 쉬 발견될 수 있는 성격이 아니다. 이처럼 그의 찰진 언어조직은 서로 유기적인 작용을 하고 있음이 드러난다. 산, 개울, 징검다리, 여자, 새 한 마리 등이 보여주는 세계는 고향정서를 넘어서서 생명에 대한 외경심을 보여주는 2차원의 세계를 형성하고 있음을 알 수 있다.

「봉지 안의 잠」이라는 좀 특이한 발상의 시를 또 살펴보자.

새우깡을 먹다가 잠이 든다
다리와 허리를 구부린, 봉지 안의 잠이다
봉지 안의 은박에 눈이 부신
잠 속에선
옆의 새우깡이 꿈결에 나에게 발을 걸쳐온다
봉지 밖에서 울리는 전화벨 소리에
잠은 더욱 구부려지고
새우깡끼리 발 걸친 채 떠다니는 눈부신 바다,
봉지 안의 세상은 또 하나의 화엄이다
사명과 의리는 부처님 손바닥 위에 맡겨두고,
四海가 잡념 없이 은빛 가득한

봉지 안은 시방 새우깡의 불국토다

—「봉지 안의 잠」 전문

"김세웅 님의 시적 시각에 먼저 감탄입니다. 우리가 늘 먹는 새우깡이지만 새우깡 포장지의 안쪽 은지에 늘 눈길만 흘릴 뿐 그 은지로부터 뿜어나오는 시적 인생도리를 이해하지 못했네요. 김세웅 님의 예리한 관찰과 사고에 정말 감탄…! 복잡한 바깥세상에 비해 하나의 은빛으로 고요한 그 속에 '봉지 안은 사방 새우깡의 불국토다' 라는 시어로 조용과 평안, 그리고 삶에 대해 조용히 사고할 수 있는 시간과 공간을 가져보기를 필요로 하는 그 인생의 사치하지 않는 소박한 욕심도 엿보입니다. 살면서 너무 많은 사명과 의리에 눌려 자신의 삶의 색채를 잃을 때가 많은 거죠. 때론 조용한 시간을 짜내 자신의 어깨 위에 눌린 사명과 의리를 잠시나마 부처님에 대한 기도 하나에 맡기고 새우깡처럼 자신의 색깔에 물들어 움츠리고 숨어보는 것도 또 다른 재미가 아닐까 생각합니다. 작은 은빛 새우깡 세계지만 인간으로서의 우리도 때론 부러운 그 불국토. 아– 참 좋은 시에 작은 생각을 가져보았습니다. 저의 이해가 옳은지 모르겠지만 시란 그 자체가 꼭 뭔가 유일한 답안을 독자에게 알리고자 하는 것이 목적이라기보다 독자의 마음으로 그 시를 읽는 감각에 따른 이해야말로 그 시를 읽는 독자에게 속하는 이해라고 생각합니다. 저의 소견을 너그럽게 받아주십시오."

흑룡강대학에 재학 중인 한 젊은 시인의 견해도 눈여겨볼 만한 소견이 아닌가 생각한다. 누가 새우깡을 먹다가 이런 생각해봤을까 하는 생각도 드는 것이다. 대개의 서정시인들이 놓치기 쉬운 이면적인 세계 형성의 구축이 그것인데 놀라운 세계와의 만남이 확인된다. 봉지 안의 새우깡과 봉지 밖의 인간세상, 시인 자신과의 대비가 아주 눈부시게 와 닿는다. 의사로 살아가고 있는 시인이 언제 아이들이나 좋아하는 새우깡 먹을 수 있는 시간이 있었으며 이런 생각의 여유 있었는지 모르겠으나 사소한 일상의 한 순간을 포착해 새로운 세계를 열어 보이고 있다는 것 또한 젊은 시인들이 갖는 싱싱한 상상력의 소산처럼 놀랍기만 하다.

또, 새우깡을 먹다가 잠이 든 시인 자신의 잠이 '다리와 허리를 구부린, 봉지 안의 잠' 이나 다름없다는 이 놀라움을 보라. 거기다가 실제의 '봉지 안의 은박에 눈이 부신 잠 속에선 옆의 새우깡이 꿈결에 나에게 발을 걸쳐온다' 고 했으니(물론 새우깡도 엄밀히 말하면 새우가 아니며 누군가가 붙여준 인공의 이름임) 이 두 대상과의 상응관계를 보라. 이런 시가 어디 있었던가 싶다. 무조건 새로움을 갈구하며 모자이크식 시를 쓰는 젊은 세대들이 이런 안목에 주의를 기울여 볼 필요가 있다고 생각한다. 여기에 새로운 세상이 열리는데 '새우깡끼리 발 걸친 채 떠다니는 눈부신 바다' 가 그것이다. 잠에 대한 속성을 잘 말해주기도 하는데 '봉지 밖에서 울리는 전화벨 소리에/잠은 더욱 구부려지' 니 잠에는 당할 재간이 없다. 어떻게 귀결짓는가 하면, '봉지 안의 세상은 또 하나의 화엄이' 라 했으며, '사명과 의리' 란 눈 뜨면 밀려오는 인간사의 모든 책임과 할 일들 모두 뒷전으로 밀쳐놓은 것이며, 오로지 막을 수 없는 잠이 오히려 가장 평온한 삶의 세계로 작용하는 것이다. 아, 그런 세계가 '四海가 잡념 없이 은빛 가득한/봉지 안은 시방 새우깡의 불국토' 다름 아니니 자신도 새우깡(새우)과 마찬가지인 것이다. 알고 보니 새우깡 속에서는 수많은 새우들이 잠자고 있었구먼! 안 그런가? 앞에서 보리가 '보리菩提'로 인식되듯 화엄의 세계가 열리고 있는 것이다.

김세웅 시인의 시적 공간의 대상이 되고 있는 세계로는 「장자의 나비」에서도 확인된다.

한밤에 자다가 깨니
내가 영 내가 아니다
까맣게 잊고 지내다가
되풀이되는 꿈을 깨면
장자의 나비처럼,
살아가는 내가 영 내가 아닌
되풀이되는 꿈일 수밖에 없다
그럼, 죽음도 두려워할 건 아닌 건가
죽어서야 꿈 아닌 삶을 찾을 수 있다면,
혹은 창문 안에서만 바라보던 바깥풍경을
이젠 바깥풍경 속에 직접 서서
오히려 비좁은 창 안을 들여다본다면
그것이 죽음이라면,
삶은 영 내가 아니구나
가위눌린 꿈을 깬 새벽에

잠 든 마누라를 물끄러미 바라보며
마누라에게 미안하고 미안하나,
살아가는 내가 영 내가 아니다

—「장자의 나비」 전문

우리들에게 익히 알려진 장자의 〈제물론편齊物論篇〉에 나오는 이야기가 그 모티브다. 장자가 어느 날 꿈을 꾸었는데 나비가 되어 꽃들 사이를 즐겁게 날아다닌 것이다. 그러다가 문득 깨어 보니 자신이 꿈속에서 나비가 된 것인지, 아니면 나비가 꿈에 자신이 된 것인지 구분할 수 없었던 것이다. 자신과 나비는 분명 별개의 개체이지만 그 구별이 애매함은 무엇 때문이겠는가. 꿈이 현실인지 현실이 꿈인지 그 사이에 어떤 구별이 있는 것인지에 대한 의문이 그것이다. 자신이 곧 나비이고 나비가 곧 자신이라는 경지 즉 물아의 구별이 없는 만물일체의 절대경지라 보면 자신도 나비도 꿈도 현실도 구별이 없는 것이다. 다만 보이는 것은 만물의 변화에 불과할 뿐인 것이다. 이처럼 구별을 잊는 것, 물아일체의 경지로 비유되는데 호접지몽胡蝶之夢이라 하기도 하며 인생의 덧없음을 비유해서 쓰이기도 한다.

시인 역시 젊지 않은 나이를 살아가면서 '한밤에 자다가 깨니/내가 영 내가 아니' 라는 것을 실감한다. '잠든 마누라를 물끄러미 바라보며/마누라에게 미안하고 미안하나,/살아가는 내가 영 내가 아니' 라는 데 장자와 다름없는 생각이 그것이다. 그냥 막연한 상상으로는 시가 되지 않음은 뻔한 일, 시인은 '혹은 창문 안에서만 바라보던 바깥풍경을/이젠 바깥 풍경 속에 직접 서서/오히려 비좁은 창안을 들여다본다면 그것이 죽음이라면' 이렇게 상상의 구도를 창문 하나를 두고 달리하는 세계로 설정해 본 것이다. 자신의 입장에서만 보는 게 아니라 입장을 바꾸어 생각해 보는 것이다. 삶의 끈이 느슨해지는 나이, 일장춘몽처럼 느껴지기도 하며 호접지몽胡蝶之夢이 되는 게 인간 아니겠는가.

김세웅 시인이 걸어가고 있는 삶은 어떠한 유형이며 처한 현실의 삶은 어떠한지 살펴보기로 하자.

땀 들이며 쉬어 가는
오르막 구비 구비
오르다가 주저앉은 소나무며 향나무
그 자리에 퍼질러 집을 지었다
삶은 어둡다 빈 물통처럼 울린다
나무에서 나무로 달아나는
저 담비의 비상처럼,
목숨은 길다 노끈같이 이어 간다
끊어질 듯 이어지는 노끈을 손에 잡고
더듬어 가는 삶은 어둡다, 너무 크게 울린다
조건이 없어도 삶은 목마르고
고비마다, 잡으라고 불쑥 내 앞으로 들이미는
이 끈을 놓고 싶다
어둡기 전에
저물고 싶다

-「사리암 가는 길」 전문

사리암 찾아 가는 길이 시인의 인생길 다름 아니라면 난데없이 등장한 '빈 물통'의 의미는 무엇이란 말인가. 삶이 '빈 물통처럼 울린다'고 했다. 살아봤자 뻔한 삶인데 오욕칠정五慾七情에 사로잡힌 인간사를 실감나게 구사하고 있다. 그러나 노끈같이 긴 목숨을 이어가는 것은 누구나 마음대로 할 수 없는 일이다. '고비마다, 잡으라고 불쑥 내 앞으로 들이미는/이끈' 즉 목숨이란 것은 조물주가 내려준 것임엔 분명하다. 거부하고 싶어도 거부되지 않는 인간의 삶 그 단면을 보는 듯하며 고뇌가 흠뻑 묻어있는 우리네 삶 다름 아니다. '이 끈을 놓고 싶'고 '어둡기 전에/저물고 싶'은 생각이 강하게 들긴 하나, 사리암은 시인에게 화엄의 세계 다름 아닌 것이다.

어두워지는 모든 방법은 어지러우나,
막상 어두움은 편안하고
주검은 단정하다
오늘도 내 속에선
피가 피를 나무라고,
뼈가 살을 뒤집어 이렇게
찬란하도록 어지러운 것은
편안한 어두움을 예고하는 것일까

-「어두워지기 전에」 일부

시인의 숙연한 정신세계를 총체적으로 보는 듯하다. '내 속에선/피가 피를 나무라고,/뼈가 살을 뒤집어 이렇게/찬란하도록 어지러운 것은/편안한 어두움을 예고하는 것일까' 라고 한 것처럼.

「悲願」이라는 시를 보자.

한 컵의 물에 풍랑이
물을 비움으로써 조용해진다면
비워지이다

내 속에 배 저어 가는
당신의 노가 부러져야만
천둥 같은 물소리 그칠 수 있다면,
당신을 닮은 놋대라도
부러뜨리겠습니다

아아, 누군들
스스로를 위해 살아있겠습니까

나를 위해 배 저어 간다는
당신의 빛나는 놋대를
부러뜨립니다

—「悲願」 일부

시인의 참회의 정신사가 얼비치는 세계다. 무거운 인간의 목숨, 또는 육신이긴 하나 초연해지고자 하는 몸부림을 읽을 수 있다. '아아, 누군들/스스로를 위해 살아있겠습니까' 라 읊고 있듯이 인간 개체라는 게 혼자 살아가는 게 아닌 세상인 것이다.

그럼, 마지막으로 시집의 표제가 되는 작품 「칼」의 세계를 보면 의미심장하게 와 닿는다.

내 칼은 연못에 빠졌다
겨울이면 두꺼운 얼음 아래
윙윙 소리내어 울고
봄이면 눈썹처럼 수면 위에 떠올라
고르지 않은 봄바람에
고운 털을 나부낀다

녹슬게 되면
더 이상 칼은 울지 않으리라
수면 위로 떠올라
스스로 어쩌지 못해 고개 숙이는 법도
없으리라

내 칼은 연못에 빠졌다
빠질 땐 객기로,
연못을 두 쪽으로 가르며 빠졌다마는
무엇을 두 쪽으로 가르는 만용은

더 이상 없으리라
드디어 숨쉬지 않을 때까지
가끔 울고,
봄이면 수면 위에 떠올라
어쩔 수 없는 눈썹처럼 나부끼리라

–「칼」 전문

상징적인 의미를 부여하고 있는 밀도 있는 이 작품에서 시인의 자화상을 보는 듯하다. 김세웅 시인이 이번 시집에서 끝까지 놓치지 않고 끌고 온 저력은 다름 아닌 생명에 대한 자아성찰 내지는 화엄을 꿈꾸는 세계다. 잠시잠깐씩 '장자의 나비' 가 되고 '새우깡' 의 잠으로 여유를 즐기기는 하나, 한 인간으로서의 삶의 여정이 이 시 「칼」에 와서 자신의 전모를 드러내고 있다고 보면 옳을 것이다.

칼이 연못에 빠졌다고 했다. 이는 인간 세상에 발 딛고 살아가는 시인 자신의 개체를 의미하며 한 생명체로서의 자신을 일컬음이리라. '숨 쉬지 않을 때까지/가끔 울고,/봄이면 수면 위에 떠올라/어쩔 수 없는 눈썹처럼 나부끼리라' 라고 했는데 살아있는 목숨의 날들인 것이다. 시인은 단호하게 말하고 있다. '녹슬게 되면/더 이상 칼은 울지 않으리라/수면 위로 떠올라/스스로 어쩌지 못해 고개 숙이는 법도/없으리라' . 이렇게 숙연해지기까지 시인이 닿아 있는 현실세계는 바람도 눈물도 없는 세상이 아니라 진눈깨비도 폭풍도 늘 존재하는 세상이다. 유한한 인간의 삶인 줄 알면서도 만수산 칡넝쿨처럼 살아가는 숨

가쁜 세상을 향해 응시하는 시인의 마음은 능선을 넘지 못하는 구름처럼 착잡하기만 하다.

위 시 「칼」이 상징적 의미로서의 시인 자아 내면세계라면 실제적인 자아세계로 시인이 처해 있는 현실의 삶을 가장 잘 드러내고 있는 시 「그 사람의 肖像」을 살펴보기로 하자.

공중전화부스에서
통화를 마치고 그가 나온다
나와선 담배를 필까 망설이다가
골목길로 들어선다
골목길은 굽어있어, 곧 그의 모습이 보이지 않는다
골목은 양손에 집들을 주렁주렁 달고서
힘겹게 이어진다
지나간 통화를 골똘히 생각느라 그는
함께 가는 골목의 지친 옆모습을 보지 못한다
높은 그리고 파아란 하늘에
그의 골똘한 생각이 비친다
얼굴만 들어 쳐다보면 될 것을,
그는 골똘히 잠기느라
자신의 생각을 보지 못한다
함께 가는 골목이 힘겨운 어깨를
슬며시 그의 어깨에 기대어도
알지 못한다

–「그 사람의 肖像」 일부

이 시에서 우리는 구구절절 명확한 이미지 처리 방식과 담고 있는 깊은 의미까지를 한꺼번에 제공받는 감명을 받는다. 시인은 '공중전화부스에서/통화를 마치고 그가 나온다' 고 했는데 어디에 누구에게 뭐라고 통화했는지 그 내용은 전혀 밝히지 않고 있다. 단지 '나와선 담배를 필까 망설이다가/골목길로 들어' 설 뿐인데 여기서도 굉장한 뉘앙스를 풍기고 있다. 왜 담배를 필까 망설이다가 골목길로 들어섰을까. 즉, 여러 현실의 문제를 안고 살아가는 현대남성들의 고민을 총체적으로 생각케 하는 대목으로 읽힌다. 이 작품이 예사로 읽히는 시와는 다른 게 개인사의 고뇌를 다루면서 사회성을 짙게 깔고 있다는 데 주목된다. 우리 사회가 안고 있는 남성사회의 고민이 시인 개인의 고뇌에서 비롯됨을 인식할 수 있다는 것이다. 시인이 시 「그림자」에서 '그림자여, 청하지 않아도 찾아드는/업보여' 라 읊었듯이 산 능선을 넘지 못하는 구름을 바라보듯 발 딛고 있는 현실은 그만큼 떼기 쉽지 않는 것이다.

누가 뭐래도 나의 심금을 울렸던, 김세웅 시인의 〈낭만시〉 초기 작품 한 편을 여기 소개하며 펜을 놓을까 한다. 이번에 새로 만나는 김세웅 시인의 시를 읽으며 아래 「新川洞」이라는 작품이 잊혀지지 않았던 것이다.

내가 사랑하는
朴兄의 집이 있는 동네 어귀에서
나는 잠시 발을 멈춘다
생각하면

땅덩이가 가이 구름조각이고
발을 멈추는 나나
땅덩이나
어디론가 머물면서 흐르기는
매 한 가지 아닌가
新川洞 어귀에서,
구름조각처럼 어디론가 떠나버린
朴兄의 안부를 염려하고
朴兄의 안부를 묻듯
나는 포장집의 소주를 마신다
새로 개설된 변압계는 新川洞
꼭대기서 윙윙거리지만
밤 열두 시 이후
포장집도 떠나고
변전소의 희미한 불빛을 받으며
朴兄의 안부인 듯
新川洞 언덕에 한 잎 풀이 새로 핀다

–「新川洞」 전문

특히 내 심금을 크게 울렸던 시 「新川洞」이었음을 밝혀둔다. 신천동이라는 대구의 지역적 특성, 게다가 신천이라는 하천을 끼고 빈민촌처럼 살았던 과거 서민들의 삶의 애환이 짙게 묻어있는 모델케이스로 읽혔던 것이다. 시인은 '朴兄'을 등장시켜 풀어내고 있는데 우리네 삶이 뜬 구름 같듯이 친구의 삶 역시 그와 다름없는 것이다. 인간의 삶이란 너나 할 것 없이 그게 그것일 수 있지만, 시인은 '어디론가 머물면서 흐르기는 매 한 가지 아닌가' 하고 애써 마음을 다스리고 있다. 생각이 나서 친구를 찾아갔을 때 어디론가 소식 없이 이사 가고 없는 그 막막함이란 인생사를 통 털어 말해주는 것 다름 아니니 말이다. '새로 개설된 변압계' 와 '언덕에 한 잎 풀' 이 제시해 주고 있는 효과 역시 주목이 되는데 이처럼 세상은 변압계가 새로 개설되듯 더욱 문명화되고 변하는 것이며, 그러나 '新川洞 언덕에 한 잎 풀이 새로 피' 듯 세상은 유지되는 것이리라. '변압계' 와 '풀' 이 잘 대조를 이루고 있음도 부기해 둔다.

*

중견시인의 시집이라는 데 무게가 실린 만큼, 젊은 시인들 못지않은 은근한 감수성과 고갈되지 않은 시적 정서, 그리고 철저한 사유정신이 돋보이는 김세웅 시인의 이번 시집의 시편들을 대하면서 살아있는 현대시의 정신사를 보는 듯하여 기쁘다.

많은 시집이 양산되고 있고 많은 시인들이 숲을 이루듯 무성하다 보니, 좋은 작품이 눈에 뜨이기 쉽지 않은 현실이기도 하다. 김세웅 시인이 보여주고 있는 탄탄한 울림은 헛되지 않으리라 본다.

시의 도시 대구에서 시를 쓰며 살아간다는 것도 복된 일이거니와 더할 나위 없이 무르익어가는 김세웅 시인의 시적 관조의 대상이 지향하는 더 높은 세계는 어디쯤일까 생각하며, 더욱 시와 함께 전진해 주길 바라는 마음이다. 1980년대 〈오늘의 시〉, 〈분단시대〉와 함께 대구를 대표하는 젊은 시동인으로 출발한 〈낭만시〉 인연이 20년을 훌쩍 넘게 이어져왔는데 代父로서의 활동도 기대된다. 시가 없어도 살 수 있다지만 시가 없으면 살 수 없는 시인의 꿈은 그만큼 위대하다고 보는 나의 견해인 것이다.